Roda das Deusas

Os Arquétipos das Sete Deusas Gregas para o Desenvolvimento Feminino

Daniela Ervolino

Roda das Deusas

Os Arquétipos das Sete Deusas Gregas para o Desenvolvimento Feminino

© 2024, Madras Editora Ltda.

Editor:
Wagner Veneziani Costa (*in memoriam*)

Produção e Capa:
Equipe Técnica Madras

Revisão:
Ana Paula Luccisano
Jerônimo Feitosa

Dados Internacionais de Catalogação na Publicação (CIP)
(Câmara Brasileira do Livro, SP, Brasil)

Ervolino, Daniela
Roda das Deusas : os arquétipos das sete deusas gregas para o desenvolvimento feminino / Daniela Ervolino. -- 2. ed. -- São Paulo : Madras Editora, 2024.
Bibliografia.

ISBN 978-65-5620-060-6

1. Autoajuda (Psicologia) 2. Autodesenvolvimento 3. Deusas gregas 4. Mulheres - Aspectos psicológicos 5. Sagrado feminino 6. Terapia alternativa I. Título.

23-154483   CDD-202.114

Índices para catálogo sistemático:
1. Deusa : Mulheres : Sagrado feminino 202.114
Aline Graziele Benitez - Bibliotecária - CRB-1/3129

É proibida a reprodução total ou parcial desta obra, de qualquer forma ou por qualquer meio eletrônico, mecânico, inclusive por meio de processos xerográficos, incluindo ainda o uso da internet, sem a permissão expressa da Madras Editora, na pessoa de seu editor (Lei nº 9.610, de 19/2/1998).

Todos os direitos desta edição reservados pela

MADRAS EDITORA LTDA.
Rua Paulo Gonçalves, 88 — Santana
CEP: 02403-020 — São Paulo/SP
Tel.: (11) 2281-5555 – (11) 98128-7754
www.madras.com.br

Palavras Iniciais
e Agradecimentos

Em 2011 meu mundo ruiu, tudo o que eu conhecia por vida foi por água abaixo: meu pai faleceu sete anos após o falecimento da minha mãe e, com ele, morreram, naquele momento, a segurança financeira e os relacionamentos familiares. Eu atravessava uma crise no relacionamento que estava vivendo na época, além de uma batalha judicial, a mais cruel possível, com a ex-sócia do meu pai.

A única tábua de salvação que encontrei para me agarrar foi o meu trabalho, muito impulsionado pela ex-namorada de meu pai, Fabiola Hara, e por uma mestra inspiradora, a psicóloga Célia Resende.

Em 2012, fui convidada pela minha colega, a psicóloga Kelly Jabour, a levar a Constelação Familiar para integrar o Círculo de Mulheres que ela tinha no Rio de Janeiro. Foi ali que minha história com as Deusas começou... Obtive o conhecimento das Deusas nas reuniões com a Kelly que precediam os encontros, fui mergulhando nos livros e nas discussões, e me apaixonando, vendo as mudanças maravilhosas que ocorriam em nossas alunas e as que eu mesma fazia quando coloquei o conteúdo mágico das Deusas em prática... Aquele mundo fazia todo o sentido para mim, era como se eu tivesse encontrado o mapa da alma – tanto da minha quanto dos outros! As peças do quebra-cabeças de tudo o que eu sentia por toda a minha vida começavam a se encaixar e fazer sentido de uma forma que nunca havia imaginado!

A situação financeira foi pouco a pouco melhorando, conforme eu trabalhava mais e mais até se tornar um vício com direito a Burnout. Assim que pude, investi numa terapia, eu não queria qualquer terapeuta, mas me tratar com alguém que falasse a língua das Deusas! Depois de algumas pesquisas e entrevistas com várias psicólogas, encontrei a Karina Rodrigues, que me conduziu num processo terapêutico forte, desafiador e transformador, aprofundando de forma sem igual meu conhecimento sobre o mundo das Deusas, que invadiu minha vida e meu consultório, encantando e clareando os dramas e as soluções na vida, para mim e para todas as minhas pacientes.

Foi muito mais fácil traçar uma rota para a minha felicidade, e mesmo recalculá-la quando as vontades dentro de mim mudaram, possuindo esse conhecimento sem preço.

Espero que, assim como eu, você ressignifique sua existência, entenda e faça as pazes com as deusas em si, e que este conhecimento lhe possibilite o que ele se tornou para mim: o portal para ser a minha melhor versão e construir, de forma lúdica e eficaz, cada tijolinho da vida dos meus sonhos!

Se é possível para mim, é possível para você também!

Agradeço à Mithiele, minha grande amiga pessoal, à qual tive o prazer de apresentar o mundo das Deusas, e acabou se tornando parceira de trabalho com as Deusas, com as mulheres e no trabalho sistêmico. Compartilhamos cada descoberta, cada queda, cada vitória. Também agradeço à Jana, essa fada linda, que entrou em nossas vidas justamente num curso de Deusas da Karina para somar ainda mais na amizade, no conhecimento e no compartilhar de modo sem igual.

Agradeço também à advogada e professora de Yoga, Patrícia Taurizano, que conduziu um processo das trevas, o do inventário de meu pai, guiada certamente pelas Deusas: o Universo sempre designa a pessoa certa para nos apoiar.

Acredito que as Deusas estão aí como ferramentas de transmutação do antigo padrão arraigado de tantos séculos de competição, insegurança e maledicência entre as mulheres, para um novo padrão de compreensão, compartilhamento, amor e respeito.

Somos todas mulheres, somos todas um só time.
Seja bem-vinda, Deusa!
Gratidão!
Daniela Ervolino

Índice

Prefácio 13
A Origem do Sagrado Feminino 15
Por que o Sagrado Feminino Ganhou Força e
Está na Moda Agora? 17
Vulnerabilidade é Poder. Sim! Você Ouviu Certo 21
O que Esperar de um Círculo de Mulheres? 23
O que São e Quem São as Deusas que
Habitam em Nós? 25
Como Funcionam as Deusas Dentro de Nós? 27
As Sete Deusas Gregas 29
O que é Equilíbrio entre as Deusas em Cada Mulher?
Como Ter Equilíbrio? 31
Deusas Vulneráveis, Deusas Virgens e Deusas Alquímicas 33
Deusas Vulneráveis 33
Deusas Virgens 34
Deusas Alquímicas 35
A Deusa Perséfone 37
Quem Ela é? O Mito 37
A História de Perséfone 37
Como Ela é? 39

O que Podemos Aprender com Perséfone?......... 42
A Deusa Hera......... 45
Quem Ela é? O Mito......... 45
A História de Hera......... 45
Como Ela é?......... 47
O que Podemos Aprender com Hera?......... 49
A Deusa Deméter......... 51
Quem Ela é? O Mito......... 51
História de Deméter......... 52
Como Ela é?......... 53
O que Podemos Aprender com Deméter?......... 56
A Deusa Ártemis......... 59
Quem Ela é? O Mito......... 59
A História de Ártemis......... 60
Como Ela é?......... 61
O que Podemos Aprender com Ártemis......... 62
A Deusa Atena......... 65
Quem Ela é? O Mito......... 65
A História de Atena......... 65
Como Ela é?......... 67
O que Podemos Aprender com Atena?......... 69
A Deusa Héstia......... 71
Quem Ela é? O Mito......... 71
Como Ela é?......... 73
O que Podemos Aprender com Héstia?......... 74
A Deusa Afrodite......... 77
Quem Ela é? O Mito......... 77
A História de Afrodite......... 78
Como Ela é?......... 79
O que Podemos Aprender com Afrodite?......... 81
Qual Deusa é Melhor para Mim?......... 83

Como Ativar uma Deusa em Mim?.. 85
Com Desativar uma Deusa que Está em Excesso
ou não Está em Sintonia com Meus Objetivos?................. 89
A Simbologia das Deusas... 91
A Simbologia da Deusa Perséfone.. 91
A Simbologia da Deusa Hera... 92
A Simbologia da Deusa Deméter... 93
A Simbologia da Deusa Ártemis.. 94
A Simbologia da Deusa Atena.. 95
A Simbologia da Deusa Héstia... 97
A Simbologia da Deusa Afrodite... 98
Outras Formas de Ativar as Deusas – Afirmações............. 101
Como Praticar as Afirmações?... 103
Os Chacras e as Deusas, por Jana Debiagi............................. 105
Chacra Básico... 106
Chacra Umbilical/Sexual... 107
Chacra do Plexo Solar.. 108
Chacra Cardíaco... 109
Chacra Laríngeo.. 110
Chacra Frontal... 111
Chacra Coronário... 112
Ancorando a Energia das Deusas – Criando
um Altar, por Jana Debiagi... 113
Altar para Atena.. 113
Altar para Afrodite... 114
Altar para Ártemis.. 114
Altar para Deméter... 114
Altar para Hera.. 114
Altar para Perséfone.. 115
Altar para Héstia... 115

A Ativação de Deméter – uma Experiência
Pessoal, por Mithiele Rodrigues 117
Perdão ao Feminino 125
Palavras Finais 129
Oração das Deusas Gregas 131
Meditação das Deusas 133
Vamos Ficar em Contato? 135
Curso Roda das Deusas 137
Referências Bibliográficas 141

Prefácio

Amada Deusa,

Você está prestes a mergulhar em um conhecimento milenar, profundo e sagrado sobre a alma feminina. Renda-se a este momento de uma forma única! Conhecer as Deusas é conhecer a si mesma... É conexão, é plenitude, é inteireza! E é para sempre, pois nunca mais você deixará de usar esse saber que, por muitos anos, ficou restrito a rodas fechadas como um verdadeiro segredo.

Que tempo lindo estamos vivendo, no qual mulheres conectadas com seu feminino e seu propósito, como Daniela Ervolino, proporcionam o acesso a esse conhecimento para o mundo todo!

Sinta-se grata, pois se você chegou até aqui é porque está buscando um sentido maior para a sua vida e desejando encontrar respostas.

O objetivo de conhecer as Deusas é TRAZER LUZ PARA O SEU CAMINHO E VERDADE PARA OS SEUS MOVIMENTOS.

Você vai aprender a amar a si mesma assim como é. E então... Vai ver o extraordinário acontecer na sua vida. E, por fim, curada de suas feridas, também se tornará um elo importante dessa corrente.

Assim como eu e Daniela, você continuará despertando outras mulheres. Como consequência, os homens também. Abençoada seja, desejo que você se torne a mulher maravilhosa que nasceu para ser.

Boa jornada!
Karina Rodrigues

A Origem do Sagrado Feminino

Na época antiga, as mulheres ficavam reunidas em tendas apenas entre elas. Lá, se apoiavam, cuidavam das coisas e umas das outras, contavam histórias, transmitiam conhecimentos, sabedoria, falavam sobre menstruação, gravidez, sexo, aborto, amamentação, parto... Falavam sobre como curar as dores, usar as ervas, criar as crianças, conversar com os maridos; elas bordavam, teciam, cantavam e oravam, compartilhavam também ensinamentos espirituais, davam suporte e conselhos àquelas que desabafavam seus problemas, faziam e usavam vestidos e adornos especiais e se sentiam pertencentes a um grupo seguro. Sabiam que podiam contar umas com as outras, elas se ajudavam nas tarefas domésticas, como criar as crianças; as mulheres se sentiam apoiadas e pertencentes ao clã feminino.

Isso se dissipou ao longo das gerações, a modernidade trouxe muitos recursos e facilidades, mas sem dúvida nos afastou umas das outras. As mulheres ficaram isoladas de sua tribo, de seus grupos e começaram a rivalizar entre si, enquanto os homens permaneceram ao longo dos séculos se reunindo entre eles, se apoiando, caçando e bebendo juntos, formando parcerias que os fortaleciam como homens. A competição entre eles se dava de forma sadia, lutavam e depois bebiam juntos; brigavam e em seguida riam juntos. A distância entre as mulheres tornou a competição entre elas uma disputa nociva, isso as afastou da sua essência compartilhadora, criando desconexão, inseguranças, sensação de desamparo, abandono, medo, solidão, sobrecarga, desconfiança, isolamento e revolta.

O movimento do Sagrado Feminino visa resgatar agora essa união, essa reunião, essa força gerada pelo coletivo feminino, esse pertencimento.

Seja bem-vinda, você faz parte, mulher, tome seu lugar nesta roda de conversa. Vamos aprender juntas mais sobre nós mesmas, vamos curar nossas dores, falar de nossos amores e brindar os sabores da vida!

Por que o Sagrado Feminino Ganhou Força e Está na Moda Agora?

Muito mais do que um modismo passageiro, o Sagrado Feminino ressuscitou pelo chamado das necessidades das próprias mulheres, ele é tão antigo quanto a história da humanidade!

Nas últimas décadas, a mulher se masculinizou muito, por necessidade mesmo, teve de ir para a guerra quando faltaram os homens, para as fábricas, e teve de ganhar espaço quase na ponta da espada no mercado de trabalho. O feminismo deu à mulher inúmeras conquistas: a mulher deixou de ser um objeto de valor, uma moeda de troca como já foi um dia, uma reprodutora e governanta do lar para ser uma pessoa independente, com poder de escolha. Claro que estou falando aqui num sentido genérico, todos sabemos que ainda há vários lugares no mundo onde essas conquistas não foram alcançadas; ainda há muitas mulheres, infelizmente, vivendo na era da submissão e da objetificação. Retornando ao nosso tema, essas conquistas também pesaram nos ombros das mulheres como mais uma sobrecarga, pois elas não trocaram um papel por outro, mas sobrepuseram esses papéis e ficaram sozinhas para cumprir tudo isso!

As mulheres nunca se sentiram tão sobrecarregadas e desamparadas como hoje. Estamos cada vez mais empoderadas, isso é ótimo, é uma dádiva, nada é tão bom quanto pertencer a si mesma, ser dona da própria vida e de suas escolhas! Porém, nós saímos de um extremo, no qual predominava a repressão feminina, em que a mulher era objeto e mercadoria, diretamente a outro: para o acúmulo de funções e a rigidez da mulher empoderada.

Eu observo que todo movimento que quebra um extremo nunca vai direto ao equilíbrio, ele faz um movimento de pêndulo, que vai de um extremo a outro, para só depois voltar a se equilibrar entre ambos.

Nesse extremo, o que vemos são mulheres que infartam aos 30 anos, que são chamadas de velhas pela medicina aos 35, justamente no auge da sua produtividade! Que se sentem depressivas, isoladas, julgadas, insuficientes, solitárias, desconfiadas, competindo ferozmente entre si... O grito: "Basta! não aguento mais!" trouxe o Sagrado Feminino de volta!

É aí que se inicia o movimento em direção ao equilíbrio. Esse foi o chamado da Deusa! Em virtude da saudade de se ter com quem contar, de compartilhar, de ter apoio, de fazer parte de um grupo de mulheres, de sentir que existe seu lugar na roda esperando por você, de ter sua palavra ouvida, valorizada, de receber, de trocar, de saber que não se está sozinha.

Reconhecer que não somos inimigas, que somos iguais e, ao mesmo tempo, diferentes e que há lugar para todas; todas nós merecemos respeito, apoio, solidariedade.

Todas as mulheres, não importa sua cor, idade ou cultura, têm desejos, anseios, dores, dúvidas, conquistas, realizações e necessidades.

O sagrado masculino é o chope dos caras! Quando se reúnem entre si, trocam ideias, bebem, dão risadas, tiram sarro um do outro, passam um tempo ali curtindo aquela irmandade e depois retornam cada um para sua vida, mais energizados e seguros.

O Sagrado Feminino é um movimento que promove a união das mulheres para redescobrirem a sua natureza feminina, por isso nos círculos de mulheres falamos sobre a psique humana, porque esse assunto é fascinante e serve como um mapa de nós mesmas e, nos entendendo, compreendemos melhor o outro também.

A mulher já entendeu que ela pode ser forte, atleta, bem-sucedida, sexualmente livre, presidente da república, dona de casa. Ela pode ser o que quiser, e, ainda assim, ser feminina.

Ser feminina e vulnerável não é o mesmo que ser frágil. Durante as últimas décadas se acreditou nisso, as mulheres usaram ombreiras e mocassins a fim de parecerem mais duras, sérias e fortes. Ser vulnerável é ser forte e ser real, ninguém é uma máquina! Mas só estamos aprendendo isso agora, enquanto pagamos o preço da exaustão física e emocional.

Vulnerabilidade é Poder. Sim! Você Ouviu Certo

Mas como? Se tudo o que aprendemos como mulheres é odiar sermos chamadas de sexo frágil!, como assim frágil, cara pálida? Matamos um leão por dia dando conta de trabalhos exigentes, o nosso corpo aguenta um nível de dor que nenhum homem forte suportaria, damos conta de casa, comida, roupa, família, dos cuidados com nossa saúde e dos que estão em volta de nós, de nossa beleza, corpo, mente, lidamos com todas as pressões e cobranças da sociedade e da maternidade, carregamos cada bebê por nove meses, parimos, amamentamos, desmamamos, atravessamos puerpérios com apenas míseros meses de licença-maternidade... Quem é que é frágil mesmo aqui, hein???

Qualquer sinônimo de frágil virou um insulto rejeitado pelas mulheres. Fomos criadas vendo o menino sensível da nossa turma de escola ser chamado de mulherzinha cada vez que ele tinha medo ou chorava, resultado disso... Endurecemos, porque não queríamos ser a "mulherzinha"; endurecemos e acreditamos que deveríamos esconder nossas emoções e necessidades, qualquer fragilidade poderia impedir que fôssemos admiradas, contratadas, cortejadas, incluídas, e nos afastamos dessa forma de nossa própria condição humana, que hoje nos cobra por meio das mais variadas doenças e insatisfações.

Até o super-homem tem a sua kryptonita! Todos somos vulneráveis, todos temos sentimentos, todos nós nos sentimos fracos, cansados ou perdidos em determinados momentos da vida. Vulnerabilidade não é ser fraco, é admitir que temos limites, que necessitamos de ajuda, de tempo, de descanso, de reconhecimento.

Ser vulnerável não significa ser incapaz ou incompetente, mas ser forte o suficiente para dizer: agora não posso, agora não quero, isso eu não sei ou disso eu preciso, gostaria ou, simplesmente, quero ajuda.

A vulnerabilidade como valor é saber e fazer valer seus limites, honrá-los e respeitá-los. Só assim encontramos paz, saúde e equilíbrio. O movimento do Sagrado Feminino é um resgate e, ao mesmo tempo, renovação de valores e significados, que traz mais coerência às nossas vidas.

O que Esperar de um Círculo de Mulheres?

Se você ainda não teve a experiência de ir a um círculo de mulheres, nem sabe o que esperar, eu lhe conto como é o meu. No meu círculo, que se chama Roda das Deusas, as mulheres são recebidas de forma muito especial, cada uma tem um lugar especialmente reservado para si, com algum mimo em cima da cadeira e seu material de trabalho.

Nós nos sentamos em círculo, pois assim nos sentimos iguais, e isso facilita a comunicação entre nós; nos apresentamos e cada uma tem a sua vez de falar. Todas voltam a atenção para a mulher que fala. Usamos o objeto da palavra, o qual quem fala segura e todas as outras esperam pela sua vez. O meu objeto é a Alice, a do país das maravilhas! Eu escolhi a Alice porque quando a lagarta lhe pergunta: "Quem é você?", ela responde: "Bem... sei quem eu era hoje de manhã, mas desde então já mudei tantas vezes que ainda estou descobrindo quem sou!". É bem assim que nos sentimos quando entramos num círculo de mulheres! Entramos sabendo quem somos, mas nem sempre sabendo o que fomos fazer ali, contudo, saímos sempre transformadas e renovadas!

Num círculo de mulheres, além de conversarmos, estudamos questões referentes ao feminino e à história do Sagrado Feminino. Entramos em contato com nossa essência reprimida há tantos séculos, fazemos testes, análises, utilizamos vários recursos e técnicas terapêuticas para curar as questões ancestrais do feminino e da nossas vidas que carregamos em nós; nos apoiamos, nos divertirmos, nos ressignificamos e, enfim, vamos embora leves e levando conosco cada mulher que estava ali em nosso coração. É um sentimento indescritível que nos enche de inspiração, energia e coragem para transformar a nossa vida na existência mais plena que pudermos ter.

No meu círculo, trabalhamos as Deusas, bem como falamos e aprendemos bastante sobre elas, são facetas de nós mesmas, papéis que assumimos, dos quais muitas vezes somos tomadas, tragadas, absorvidas. Saber mais sobre tudo isso clareia, empodera e fascina!

O que São e Quem São as Deusas que Habitam em Nós?

As Deusas são arquétipos, símbolos que vivem em nossa psique. Mas o que são arquétipos? São representações que habitam o inconsciente coletivo, ou seja, imagens com significados atemporais e aculturais, em qualquer lugar e qualquer época. Por exemplo, as palavras herói, bruxa ou sábio acessam o mesmo significado e imagens mentais em qualquer pessoa.

Ou, por exemplo, o coração: muito mais do que o órgão que bombeia o sangue do nosso corpo, ele é um símbolo universal, o arquétipo do amor.

Os cineastas de Hollywood já se utilizam desses arquétipos há muito tempo, assim como qualquer livro, novela ou filme que você veja. Neles, sempre aparecem a mocinha, o vilão e o herói...

Nosso inconsciente tem uma relação tão forte com essa simbologia que utilizá-la se transformou em receita de sucesso.

Nossa atenção cola quando nos encontramos com esses personagens. Essa relação tão íntima entre a nossa psique e a simbologia também tem o poder de nos propiciar um processo profundo de autoconhecimento.

Neste livro, você vai conhecer as sete principais Deusas Gregas que habitam a nossa psique: Afrodite – a deusa do amor; Perséfone – a menina; Hera – a esposa; Deméter – a mãe; Atena – a profissional; Ártemis – a capaz; Héstia – a sábia.

Todas as mulheres possuem as sete Deusas, algumas trancafiadas num porão psíquico, outras em evidência, dominando a cena da vida.

Todas as Deusas têm seu lado luz e seu lado sombra, as virtudes e as chagas. Como tudo na vida, uma Deusa em excesso pode causar tragédias, e em falta também!

Geralmente, temos três deusas que ficam em evidência, por uma tendência natural que faz jus à nossa criação e a como foi nossa infância, ou pela necessidade do momento.

Isso não impede que elas saiam de cena ou entrem nela, caso não estejam de acordo com nossos objetivos que mudam ao longo de nossas vidas. Quando isso não acontece, podemos nos sabotar inconscientemente por identificação com aquele papel que determinada Deusa representa para nós.

Por exemplo, quando uma mulher engravida e precisa que Deméter tome a cena para que ela consiga dar suporte ao bebê, caso isso não aconteça, a mulher em questão tomará a maternidade como algo pesado e desconfortável.

O baile das Deusas dentro de nós é delicioso quando entendemos quem devemos tirar para dançar a nossa música!

Como Funcionam as Deusas Dentro de Nós?

Toda mulher tem as sete Deusas Gregas como representações de personas que ela exerce em sua vida, mas não nas mesmas proporções, nem com a mesma prevalência.

As Deusas são classificadas em três grupos: as Deusas Virgens, as Deusas Vulneráveis e as Deusas Alquímicas.

As Deusas Virgens são extremamente independentes, individualistas, fortes e determinadas. Orientam suas vidas por objetivos pessoais – o termo virgem significa nesse contexto ser intocável (as Deusas Virgens não são orientadas ou subjugadas pelos relacionamentos, o que dirige suas vidas são os próprios objetivos individuais).

As Deusas Vulneráveis são orientadas pelos relacionamentos em suas vidas, os quais são o norte das vidas delas. Elas encontram sentido na existência a partir de uma relação.

As Deusas Alquímicas, como o próprio nome diz, misturam ou reúnem os dois mundos, os objetivos pessoais e a importância dos relacionamentos, sem se tornarem dependentes deles.

Está começando a ficar mais interessante o papo, não é mesmo? Nada impede que as Deusas Virgens, Vulneráveis e Alquímicas convivam juntas dentro de nós, trazendo um equilíbrio personalizado que facilite nosso caminho quando as conhecemos, mas diferentemente do que muita gente pensa, elas não devem jamais estar em partes iguais em nós, isso seria uma loucura!

O equilíbrio aqui é desigual e temporal! Muita gente tem a ideia de que equilíbrio é estático e inabalável, não! Equilíbrio é balanço, tal qual a palavra que significa equilíbrio em inglês, "balance": lembre-se da imagem de um equilibrista, pode ser um na corda bamba ou num monociclo, percebe como o equilíbrio é um balanço variável?

Isso significa cada Deusa funcionando em seu devido lugar, e nas proposições que correspondem às circunstâncias e às prioridades do momento de vida de cada mulher. Elas devem se alternar de acordo com nossos objetivos e necessidades, que mudam de prioridade de tempos em tempos. Por exemplo: uma mulher que tem uma Ártemis predominante dentro de si, que é a Deusa da liberdade, independência, obstinação e individualidade, quer engravidar. Por conta dessa Ártemis em evidência, ela pode se boicotar, pois seu desejo de ser mãe entra em conflito com o principal valor da Deusa, que é ser livre. A mulher pode achar sofrido o processo de gravidez, de cuidar do nenê e até mesmo ter dificuldades para conseguir engravidar, é aí que o trabalho com as Deusas nos abre um portal de conhecimento e clareza jamais visto por outra linguagem.

As Sete Deusas Gregas

Quem são essas sete Deusas Gregas que moram em nosso inconsciente e nos influenciam, tanto quanto a Lua influencia as marés?

Elas transparecem em nosso jeito de ser, nas roupas de que gostamos, em nossos hábitos, estilo de vida, habilidades que possuímos e mesmo nas nossas dificuldades!

Anote aí! As sete principais Deusas Gregas são:

Afrodite: a Deusa do amor, da sexualidade, da beleza, da espontaneidade e da criatividade.

Ártemis: a Deusa da caça, da fraternidade, da liberdade e da natureza.

Atena: a Deusa intelectual, do trabalho, da prosperidade, da liderança, da competência.

Héstia: a Deusa espiritual, da maturidade, da sabedoria, da pacificação, da solitude, ela é o fogo do lar. O que é o fogo do lar? É o que diferencia uma casa de um lar, é um lar gostoso, com amor e capricho, onde gostamos de estar, nos sentimos aconchegados.

Perséfone: a Deusa infantil, da dependência, do charme, da manipulação, da vulnerabilidade.

Hera: a Deusa do casamento, da liderança, da ordem, da impecabilidade.

Deméter: a Deusa maternal, do cuidado, da nutrição, da doação, do servir.

Só de ouvir essa explicação tão breve, sua mente já começa a pensar: com qual Deusa me identifico mais, não é verdade? É muito automático nós já nos percebermos, e mais, percebermos quem conhecemos, convivemos. Esse conhecimento ajuda muito a melhorar nossos relacionamentos, sabe por quê?

Porque nós temos a péssima tendência, ou melhor, o péssimo hábito de medir o outro com base em nós mesmos, e nos esquecemos de que a outra pessoa é outro universo!

Já foi comprovado por diversas experiências que se mostrarmos uma mesma imagem, som e até mesmo uma cor a várias pessoas, cada uma terá uma interpretação diferente sobre o mesmo estímulo; isso prova que nossas percepções e necessidades são únicas!

Aprender sobre nós mesmos e sobre outras formas de sentir, pensar e agir é a maneira mais apropriada de melhorar nossa autoestima, autoconfiança e nossos relacionamentos!

O que é Equilíbrio entre as Deusas em cada Mulher? Como Ter Equilíbrio?

Equilíbrio não é estático, você se lembra desse papo, né?! Ele é balanço em movimento; imagine um equilibrista, ele anda inabalavelmente pela corda bamba estática embaixo de seus pés? Não! Ele se bambeia todo em cima de uma corda que não para: ora ele pende mais para um lado, ora pende mais para o outro, o movimento desigual que faz ininterruptamente é o que o mantém equilibrado, é o que o mantém em pé!

E por que temos essa ideia utópica e irreal de que o equilíbrio é estático? De ser inabalável, imutável? Isso é absurdo! Equilíbrio é movimento, é desigual e mais... É circunstancial! E o equilíbrio entre as Deusas dentro de nós, também!

O equilíbrio entre as várias facetas ou personas que carregamos em nós depende diretamente da demanda da realidade que estamos vivendo neste exato momento! E isso muda o tempo todo!

Veja bem, quando acordo de manhã e vou fazer meu ritual matinal de orações e meditações, minha Héstia encontra espaço; logo em seguida, é minha hora de fazer exercícios, minha Ártemis entra em ação, para depois me arrumar e ir para o trabalho: hora de Atena tomar a cena. Quando chego à minha casa cansada, posso dar espaço a Afrodite para namorar meu marido, posso dar espaço a Perséfone para que ela cuide de mim, posso deixar fluir Deméter e cuidar de meu jardim e fazer uma comida gostosa para minha família, ou ficar com Hera que organizará a casa para o dia seguinte. Esses são apenas exemplos. O que aconteceria se eu levasse Perséfone para o trabalho? Atena para namorar? Deméter para fazer exercícios? Seria uma bagunça, né? Perséfone no trabalho não teria responsabilidade, iria jogar um charme se vitimizando em cima das pessoas que esperam que eu cumpra meu compromisso profissional e não produziria bem ou dentro dos prazos atraindo problemas de todo o tipo. Atena, para namorar, faria brochar todos os envolvidos sendo extremamente racional. Deméter se preocuparia com o bem-estar de todos na academia e não cumpriria sua série!

Você consegue imaginar as Deusas se alternando nessa corda bamba que não para? Isso é o que chamamos de paradoxo.

É justamente esse movimento frenético e caótico que representa o equilíbrio!

Deusas Vulneráveis, Deusas Virgens e Deusas Alquímicas

Agora que você já está com mais intimidade com o universo das Deusas, vai se identificar mais ainda com o que eu vou falar: é a respeito das três categorias às quais as sete Deusas Gregas pertencem.

São elas: as Deusas Vulneráveis, as Deusas Virgens e a Deusa Alquímica.

DEUSAS VULNERÁVEIS

Vamos começar pelas Deusas Vulneráveis. Por que vulneráveis? Quem são elas? O que têm em comum?

Neste grupo, estão as Deusas cujas vidas são orientadas por algum relacionamento, o qual é o ponto central de satisfação e o que dá a tônica em suas vidas. Se tudo ocorre em sintonia no relacionamento, elas estão bem; se não vai bem ou se acontece uma ruptura, elas se deprimem de forma voraz.

As três Deusas que pertencem a esse grupo também têm em comum o fato de terem sido violentadas e subjugadas. Quando falamos das histórias dos deuses, encontramos narrativas coléricas, violentas e infiéis, e é justamente com isso que nossa psique se identifica e se torna capaz de fazer grandes insights!

E lá vão elas! As Deusas Vulneráveis são: Perséfone, Hera e Deméter. Perséfone é a filha, Hera a esposa e Deméter a mãe! Nenhuma delas escolheu o marido, todas foram tomadas à força e fizeram do relacionamento o centro de suas vidas, quando eu digo relacionamento, não é só de casal, mas também familiar, ok?!

Quem aí sentiu que não escolheu o parceiro ou parceira? Quem aí sente que foi escolhida, que, de repente, estava junto? Quem se casou porque parecia ser o que deveria ser feito, quem não se casou por amor ou paixão arrebatadora, mas porque pintou aquela pessoa que parecia querer as mesmas coisas, era uma boa pessoa e já estava na hora? Ou que se casou ou começou a namorar por medo de ficar sozinha? Quem aí sente que morreria se se separasse? Sem julgamentos! Aqui é zero julgamento! Estamos aqui para nos conhecer e aprender sobre sermos humanas! Cada uma tem sua história, e se você se identificou, tem muito mais a ver do que pode imaginar com as Deusas Vulneráveis!

Deusas Virgens

Vamos às Deusas Virgens! Por que virgens? Quem são elas?

As Deusas Virgens são orientadas para seus objetivos pessoais. O que dá a tônica na vida para elas são suas conquistas.

São chamadas "virgens" porque elas se bastam, as Deusas desse grupo não precisam de uma relação amorosa para se sentir felizes ou completas, elas contêm masculino e feminino em si mesmas.

As três Deusas pertencentes a esse grupo são: Ártemis, Atena e Héstia. Todas têm em comum o fato de terem escolhido por vontade própria a castidade.

Elas escolheram ficar sozinhas para perseguirem seus objetivos pessoais. São deusas individualistas, competitivas, valentes e que focam suas vitórias pessoais.

Apesar de sentir que não precisam de ninguém, gostam de conviver com pessoas que tenham objetivos e hábitos comuns aos delas, mas necessitam e priorizam seus momentos de solidão, os quais, para essas Deusas, são uma necessidade e um prazer. Não suportam ninguém que mostre dependência, e são muito independentes e práticas, não admitem vitimizações nem nenhum tipo de fraqueza.

Se você tem dificuldades em ter um relacionamento, em se comprometer, em dividir seu espaço e em ceder, talvez tenha muito mais em comum com as Deusas Virgens do que pensa!

Deusas Alquímicas

E vamos a este grupo tão especial! Por que Alquímica? Alquimia significa uma mistura que transforma. Palavra também ligada à química e à magia da Idade Média, em que por meio da alquimia buscava-se misturar diversos ingredientes que se tornassem o remédio universal para todos os males ou que transformassem qualquer pedra em ouro.

O grupo das Deusas Alquímicas leva esse nome porque é o único que mistura os dois mundos, onde os relacionamentos e os objetivos pessoais existem em harmonia; ele é composto por apenas uma Deusa, Afrodite!

Afrodite é a única Deusa que escolheu seus relacionamentos, nunca foi subjugada ou violentada, escolheu seu marido e, mesmo casada, não deixou seus objetivos pessoais de lado.

Ou seja, ela possui a independência emocional, a força das Deusas Virgens e a doçura e o encanto das Deusas Vulneráveis, constituindo, assim, sua própria categoria de Deusa.

Se você sente que vive seus relacionamentos por escolha, com amor e paixão, e que isso não tira a liberdade do que ama fazer, seja em sua profissão, seja em suas escolhas de vida, incluindo seus hábitos ou seus momentos de lazer, você pode ter uma Deusa Alquímica dentro de si bem viva!

Agora, se sentiu que está distante disso, não fique triste! Existe como buscar essa Deusa dentro de você e trazê-la para um lugar de destaque na sua psique e na sua vida!

A Deusa Perséfone

Quem Ela é? O Mito

Perséfone, a filha! Pertence ao grupo das Deusas Vulneráveis, aquelas Deusas orientadas pelos relacionamentos como ponto central em suas vidas. Ela é a Deusa que traz nosso lado infantil, é o arquétipo da menina que deseja ser cuidada, ainda que já seja adulta.

A História de Perséfone

Esta é uma das histórias mais importantes da mitologia grega, eu vou lhe contar.

Perséfone, ainda menina, se chamava Coré, filha de Deméter, a Deusa da colheita e da nutrição, e Zeus, o Deus dos Deuses. Ela não tinha preocupações na vida e gostava de se distrair colhendo flores com as amigas, enquanto a mãe estava por perto cuidando de tudo. Em um dia ensolarado, ela se encantou com uma flor de narciso e se afastou um pouquinho das amigas para pegar a florzinha... Nesse momento, o chão se abriu e dele surgiu Hades, o senhor do submundo. Com sua carruagem e seus cavalos, Hades raptou Perséfone e, por mais que ela gritasse, ele a levou amarrada para dentro da terra, para seu reino. Ninguém ouviu os gritos de Perséfone; lá embaixo, ela foi violentada por Hades que a tornou sua esposa.

Quando a mãe de Perséfone, Deméter, notou a falta dela, buscou-a desesperadamente por toda a Terra, mas ninguém sabia dela.

Deprimida e sem notícias da filha, Deméter deixou de nutrir os campos que secaram, toda a Terra quase morreu de fome. Deméter, enfim, apelou a Zeus, pai de Perséfone, Deus dos céus e irmão de Hades, raptor de Perséfone, que num acordo entre os deuses devolvesse a menina para a mãe.

Depois de muita negociação, Hermes, o Deus da velocidade, foi incumbido de buscar Perséfone no submundo. Perséfone se despede de Hades, que lhe oferece umas sementes de romã, ela aceita e come as sementes antes de partir. Porém, todo mundo sabia que quando alguém come algo do mundo dos mortos não pode mais sair dele. Perséfone, então, por ter comido as sementes, perdeu a chance de voltar de vez para a mãe.

Por fim, ficou estabelecido que ela ficaria seis meses com Hades no submundo, o mundo dos mortos, e seis meses com a mãe na Terra. Esse período é sinalizado pelo início da primavera, é o momento do retorno de Perséfone, quando Deméter fica feliz e faz tudo florir e brotar!

O que esse mito pode ter a ver com você? Se você sente o sexo como abusivo, se se sente violentada quando está num relacionamento, se se sente abandonada, se sofre pela falta de sua mãe e por saber o que ela faria em momentos em que você se vê tendo de tomar decisões ou é cobrada, se tem vontade de voltar a ser criança para não ter de lidar com as pressões da vida adulta, se sente que o mundo infantil de sonhos e irresponsabilidades foi tomado violentamente de si mesma, talvez você tenha muito mais a ver com Perséfone do que pode imaginar!

Como Ela é?

As mulheres com uma Perséfone ativa dentro de si são dependentes emocionalmente, usam e abusam do charme, da beleza, da manipulação e da instabilidade emocional para serem amadas ou atendidas.

A mulher com uma Perséfone ativa é um camaleão, como uma tela em branco. Ela mimetiza as características que percebe serem desejadas pelas pessoas no ambiente onde está, absorve e reproduz o mundo onde quer se inserir. Apesar do gosto comum pelo cor-de-rosa, babados e rendas, ela tem o poder de aprender certas habilidades e mudar o vestuário se perceber que será mais aceita daquela forma. Perséfone é tão camaleão que também pode existir naquela mulher que se parece uma menina desleixada, mas que adora e espera ser bajulada, arrumada ou cuidada.

Perséfone não lida bem com responsabilidades da vida adulta, como contas a pagar, prazos, horários, noção financeira, e sente que tem todo o tempo do mundo para fazer as escolhas que a vida pede. Ela tem muita dificuldade em seguir um caminho com consistência e determinação, pois sente que optar por uma coisa é perder todas as outras. Sem se dar conta, o tempo passa sem que ela construa sua estrada, quando nota que as amigas fizeram carreira, família, conquistaram coisas, percebe que o tempo passou e entra em crise.

O espelho é o maior desafiador para Perséfone, e ela não poupa esforços para sempre parecer mais jovem do que de fato é. Quanto mais o tempo passa, mais Perséfone tenta negar o tempo. É comum ver mulheres Perséfones usando adornos ou tendo comportamentos infantis na idade adulta.

É característica da mulher Perséfone acreditar que só será amada, valorizada, protegida, acolhida e principalmente cuidada por sua beleza, sua juventude, seu encantamento e sua fragilidade emocional.

Costuma atrair amizades maternais que tomam decisões e fazem escolhas por ela.

Envelhecer, comprometer-se e assumir responsabilidades são coisas muito difíceis para mulheres Perséfones. Elas normalmente aceitam aquilo que o outro quer e sempre esperam que escolham por ela, que a salvem, mas se ressentem de estar sempre seguindo a maré. Esperam que essa submissão seja recompensada com alguém que magicamente resolva todas as coisas por elas e que cuide delas.

A mulher Perséfone, normalmente, sofreu na infância de ausência paterna, pode ser que tenha tido um pai pouco presente em casa, ou que estava em casa, mas não se envolvia muito com ela, sendo distante ou tratando-a apenas como um bibelô, e de uma ligação sofrida com a mãe, ou por uma mãe dominadora, abusiva e castradora, com excesso de Deméter, dessas que fazem todas as escolhas pela filha, o que ela deve usar, falar, como deve se comportar, com quem deve se relacionar, etc., deixando a clara mensagem de que a filha é incapaz ou inadequada; ou por uma mãe que trata a filha sem amor, que está demasiadamente ocupada para olhar para a filha ou se conectar com ela. Dessa forma, Perséfone busca mães e pais substitutos em todas as pessoas de sua vida, nas amigas, nos namorados, em maridos, irmãs, professoras, terapeutas, etc.; ela busca amor desesperadamente em todas as relações. Essa busca nunca se completa, pois esse amor que faltou dos pais não é substituível, porém, enquanto Perséfone estiver sob o holofote das deusas ativas dentro de uma mulher, ela não terá maturidade suficiente para superar essa dor infantil e tornar-se emocionalmente estável, capaz de tomar as rédeas de sua vida como sua responsabilidade.

Perséfones, em geral, são extremamente femininas, vaidosas, charmosas, manipuladoras e chamam muito a atenção por onde passam. Muitas vezes confundidas com Afrodite, elas são reconhecidas pelo charme um tanto infantil; podem se apresentar de várias maneiras, desde as meninas de estilo recatado, pudico e discreto, até as que usam o dedinho no canto da boca, acompanhando decotes profundos e saias curtas. Diversas vezes são atribuídas de forma equivocada a Afrodite.

Apesar de poder ter um forte apelo sexual, a sexualidade da mulher Perséfone é performática, a fim de seduzir o outro. Ela tem prazer não com o próprio corpo, com o qual tem até uma desconexão marcante, mas com o prazer do outro, e não por doação, mas porque se sente capaz de promover tal sensação a outra pessoa; ela se sente acalentada em ver que alguém a acha atraente, gostosa e bonita.

A anorgasmia é um problema bem característico da mulher Perséfone, que costuma ter falta de respeito para com o próprio corpo. Apesar de poder passar horas na academia, fazer muitas plásticas e procedimentos estéticos, esse esforço nunca é para ela, mas para ficar mais vistosa para o outro. Pode ser que nem se lembre de que tem um corpo, não o sente, não se conecta a ele, não o respeita, não o ama, nem o cuida, ela objetifica o próprio corpo como algo a ser oferecido. É notável a grande dificuldade de Perséfone com o envelhecimento, ela considera que envelhecer é não ser mais notada, escolhida, tomada, é a total perda do poder para ela.

O QUE PODEMOS APRENDER COM PERSÉFONE?

Eu percebo que, quando falo de Perséfone, um zumbido tão alto como cigarras num bosque num fim de tarde de verão se forma de imediato. São muitas as mulheres que se identificam com esse arquétipo e, mais ainda, as que têm alergia a ele.

Assim como a dose é a diferença entre o veneno e o remédio, com Perséfone temos também que aprender a dosar.

Todas nós nos sentimos tocadas de alguma forma quando ouvimos falar desse arquétipo, talvez porque já tenhamos sido meninas um dia e nos sentido perdidas; talvez porque vez ou outra tudo o que queríamos na vida era alguém que cuidasse de nós, ou resolvesse o nosso problema como um passe de mágica... Quem nunca? Talvez porque tivemos de nos tornar tão fortes e duras justamente por termos crescido sob os cuidados de uma Perséfone que não deu conta de seu recado. O fato é que renegá-la à nossa sombra também traz seus malefícios; com Perséfone trancafiada num porão psíquico, a mulher pode se tornar masculinizada, dura, arrogante, grossa e impaciente.

Uma das primeiras lições que podemos aprender com Perséfone é que não existe crescimento na barra da saia da mãe. Temos de aprender a nos despedir, e enfrentar o possível ressentimento de uma mãe possessiva e manipuladora, bem como um mundo desconhecido, cheio de tentativas, erros e acertos.

Para crescer emocionalmente e nos tornarmos mulheres, só os anos não bastam, a coragem de enfrentar a vida, o mundo e tornar-se mãe de si mesma são indispensáveis.

Isso só é possível se assumirmos nossas escolhas e as consequências delas agora mesmo. Por mais que queiramos acreditar que temos todo o tempo do mundo, não temos, o tempo passa, e com ele se vão as oportunidades da vida também. Temos de tomar as rédeas da nossa vida se quisermos chegar a algum lugar, não há como delegar essa tarefa a ninguém.

Perséfone também é o arquétipo que mais ensina como ser feminina, charmosa, gentil e receptiva, e saber esperar.

A Deusa Hera

Quem Ela é? O Mito

Ela é aquela mulher chique, casada, "classuda" e admirada pela sociedade. Pode ser vista como uma excelente dona de casa, presidente do Rotary Club ou Lions da sua cidade, ou a primeira-dama de um político. Hera é Deusa do casamento, da ordem, da moral e dos bons costumes, do compromisso, da eficiência e da liderança.

A História de Hera

Hera era uma Deusa muito bonita e elegante do Olimpo. Zeus, observando-a um dia a tomar sol na beira de um lago, não resistiu a tamanha beleza. Ele já havia tentado cortejá-la várias vezes, mas como ela sabia da fama do Deus mulherengo, não lhe deu abertura, afinal, ela era uma mulher difícil. Zeus, sabendo que seria rechaçado novamente, se disfarçou, transformando-se num lindo cisne branco, e se aproximou de Hera fingindo estar com a asa quebrada. Hera se comoveu com aquele cisne tão lindo, pegou-o nos braços e o aninhou em seu colo. Nesse exato momento, Zeus se aproveitou da oportunidade, retomou sua forma original e violentou Hera.

Como Hera era a Deusa dos bons costumes, ao acabar o ato sexual disse a ele: "Agora vai ter que casar!" E casaram-se! Foi uma festa memorável que fez tremer todo o Olimpo. Ambos passaram 300 anos em lua de mel e foram muito felizes, até que Zeus, agindo como de costume, voltou a ser o mulherengo de sempre e passou a trair Hera com outras Deusas, ninfas e mortais, distribuindo filhos ilegítimos e tórridos casos por toda a Terra. Hera, zelosa por seu casamento com o homem mais poderoso do Olimpo, ficava uma fera, ia atrás das amantes e dos filhos bastardos, transformando as amantes de seu marido em vacas, galinhas, piranhas e outros bichos como forma de vingança.

Hera nunca deixou seu marido, mas sua ira e revolta atingiram a todos, inclusive seu filho Hefestos, que nasceu feio e coxo. Ao ver tal deformidade em seu filho, Hera, que era tão perfeccionista, não tolerou ter produzido tamanha feiura e imperfeição, e atirou o filho do Olimpo. Por sorte, Hefestos sobreviveu e se tornou um talentoso ferreiro que se casou com Afrodite.

Como Ela é?

Hera é a rainha do Olimpo, do grupo das Deusas Vulneráveis, e o relacionamento que rege a sua vida é com o marido. Ela é a deusa do casamento, da fidelidade, da eficiência, da moral e dos bons costumes, e já se faz presente em qualquer menina que sonha em se casar, na adolescente que sonha em ser a namorada do garoto mais popular do bairro, na mulher que tem como objeto de desejo a aliança brilhando no dedo anular.

Hera é o tipo de mulher madura, organizada, impecável e fiel. A casa de uma mulher Hera é sempre muito bem decorada e bonita, ela é a melhor das anfitriãs, sabe receber como ninguém e adora exibir suas louças. Todo mundo se sente especial ao visitar a casa de uma mulher Hera.

Ela se torna líder e empoderada por meio da segurança que o casamento lhe proporciona como instituição familiar. Quando bem tratada pelo marido, é a melhor das esposas, dedicada, fiel, eficiente, exemplar, zelosa, defende seu clã acima de tudo com unhas e dentes, mas não é da qualidade de Hera ser amorosa ou calorosa, nem com o marido, nem com os filhos.

Hera se veste com muita elegância, tem preferência por peças clássicas, está sempre bem arrumada, é a verdadeira rainha do lar. Preza por ter cabelos, depilação e unhas sempre em dia e bem-feitas, tem um ar austero e confiável, gosta de bijuterias e joias de ouro e pérolas que enalteçam a sua classe e respeitabilidade. A mulher Hera é uma líder na sociedade onde vive, é o arquétipo utilizado por todas as primeiras-damas depois da posse do marido, ela se envolve com papéis de destaque em instituições, na política, em eventos beneficentes e nas colunas sociais.

Hera não se casa com qualquer um, não, ela só aceita se casar com um homem poderoso, seja pelo papel que ele ocupa profissionalmente, seja pelo sobrenome que ele carrega, ou que, de alguma forma, seja um bom partido.

A mulher Hera vê qualquer projeto em sua vida como algo secundário em relação à busca por um parceiro. Seu status, poder e muito de sua identidade só serão alcançados quando ela estiver realmente comprometida com um homem.

Se desrespeitada pelo marido, a mulher chique e refinada vai por água abaixo, dando lugar a uma mulher descontrolada, agressiva, ciumenta, perigosa e passional. A vingativa Hera perde as medidas quando se sente ferida pelo homem a quem se dedicou ou exposta pela mulher que "destruiu o seu lar". Nós sabemos que ninguém tem esse poder, mas ela crê nisso e pode em sua fúria inclusive pôr em risco os próprios filhos, como forma de atingir o companheiro.

Seu maior desafio é primeiramente ser solteira, sem considerar isso um desprestígio; e, em segundo lugar, superar o ciúme, a vingança e a incapacidade de deixar um relacionamento destrutivo.

O excesso de Hera pode levar a mulher a se tornar mais casada com o casamento do que com o próprio marido. As mulheres Hera são muitas vezes capazes de tolerar traições, desde que não ameacem o seu casamento; permanecem casadas, mas feridas para sempre e não deixarão ninguém em paz com a sua dor.

O sexo para a mulher Hera é algo que faz parte do pacote, se ele quer, ela faz e está tudo bem, a menos que haja uma Afrodite dividindo espaço com Hera. Ela não é ligada em sexo, menos ainda em masturbação, se importa mais com todos à mesa, limpos e bem-vestidos na hora do almoço, a família bem apresentável, num porta-retratos ou nos eventos da cidade.

Por sua devoção ao casamento, Hera tem facilidade em unir pessoas, é a manifestação da lealdade e do compromisso com uma causa ou relacionamento.

Uma mulher Hera raramente se recupera de um divórcio, e pode vir a se casar apenas por julgar que estava hora e tinha um bom partido em vista, é claro!

Se não chega a se casar, pode sofrer de depressão e angústia.

O QUE PODEMOS APRENDER COM HERA?

Primeiramente, Hera nos ensina o quão grande é a importância de sabermos nos reconhecer e tomar posse de nosso próprio valor como mulher, e não depender de um *status* de bem-casada para nos sentirmos incluídas entre as mulheres confiáveis da sociedade.

Hera deixa claro também que autoestima e autocontrole são itens de primeira necessidade na vida de qualquer mulher.

A dor de Hera de permanecer num casamento destrutivo traz à tona a necessidade de trabalhar os preconceitos que ainda existem na mulher e na sociedade contra solteiras e divorciadas, como se um anel no dedo fosse a validação da mulher que o porta, quando o casamento pode ser um mar de infelicidade.

Hera é o arquétipo da mulher madura e por meio dela, também, podemos aprender a ter firmeza e compromisso para atravessarmos as dificuldades e os desafios que existem em qualquer relação. Da mesma forma, é Hera que preza e se dedica a ter um lar agradável, organizado e bonito, onde tudo funciona. Com ela podemos aprender muito sobre boas maneiras, refinamento, elegância e a ser uma boa anfitriã, afinal de contas, é muito chato ser mal-recebido na casa de alguém, não é mesmo?

Hera nos dá a capacidade de sermos fiéis, e de nos sentirmos pertencentes e responsáveis pelo nosso clã familiar.

As mulheres Hera se tornam alicerces confiáveis da família e na sociedade, pois em momentos de crise perseveram, buscando soluções e unindo as pessoas.

A Deusa Deméter

Quem Ela é? O Mito

Deméter é aquela mulher que encontra satisfação como cuidadora e provedora. Está sempre envolvida em cuidar dos outros e prestando algum tipo de assistência psicológica, espiritual ou física, tem dificuldade de recusar ajudar e, mais ainda, pedir.

Deméter é a deusa maternal, a deusa do cereal, nutridora, a que faz brotar o que é plantado; é a Deusa que garante boas colheitas, a Deusa da fertilidade.

A História de Deméter

Deméter estava com sua filha, Perséfone, e suas companheiras colhendo flores tranquilamente num prado, quando em algum momento a filha desapareceu sem que ninguém ouvisse um só grito.

A Deusa Deméter entrou em desespero, e buscou por nove dias e nove noites a fio, sem comer, tomar banho ou dormir, o paradeiro da filha por toda a Terra, sem conseguir notícia alguma, até que cruzou com Hécate, Deusa da Lua escura e das encruzilhadas. Dizem que Hécate foi a única que ouviu os gritos da garota, mas nada fez para impedir ou denunciar o rapto de Perséfone. Hécate se ofereceu para levar Deméter até Hélio, o Deus do Sol, que viu tudo lá de cima e contou a Deméter que a menina havia sido raptada por Hades e levada ao submundo; também lhe contou que Zeus, pai de Perséfone e irmão de Hades, estava a par e havia aprovado o rapto, a violação e o casamento contra a vontade da menina.

Deméter provou então uma profunda amargura e tristeza e se deprimiu, deixou de nutrir a Terra e todas as plantações secaram... A vida deixou de brotar, nada mais nascia em canto algum... Ela se disfarçou de velha com uma capa lamacenta e vagou pela Terra sem rumo, arrumou emprego como babá em Elêusis sem revelar sua identidade. Quando enfim foi descoberta, exigiu a construção de um templo em seu nome e lá se trancou. Todas as oferendas foram feitas por diversas divindades para que ela voltasse a nutrir os campos, mas ela se recusou.

Como nada mais brotava, toda a Terra estava quase morrendo de fome. Um apelo então foi feito a Zeus para que negociasse o retorno de Perséfone à sua mãe e salvasse toda a gente da fome.

Hermes, o Deus da velocidade, foi o escolhido para buscar Perséfone no mundo dos mortos. Chegando lá, a encontrou deprimida junto a Hades; quando ela foi se despedir de Hades, este gentilmente lhe ofereceu algumas sementes de romã, que a garota prontamente aceitou e comeu antes de partir.

Ao chegarem ao templo de Deméter, foram recebidos com festa. Deméter correu para abraçar a filha e prontamente perguntou se ela havia comido algo no submundo, pois se não tivesse comido nada seria integralmente devolvida à sua mãe. A filha fez um escândalo e disse que Hades a forçou a comer as sementes antes de partir, mentindo para mãe, já que sabemos que a menina comeu a romã de bom grado. Por conta disso, ficou decidido então que Perséfone ficaria uma parte do ano com o marido no submundo e outra parte com a mãe sobre a Terra.

O retorno de Perséfone é simbolizado pela primavera, quando então tudo volta a florir e a brotar, porque Deméter fica feliz com a chegada da filha.

Como Ela é?

A mulher Deméter tem forte necessidade de nutrir, e pode se deprimir se essa necessidade não for satisfeita. Ela se sente realizada ao cuidar, alimentar e proteger, não apenas os filhos, mas também as pessoas que estão à sua volta.

Ela geralmente tem seios e quadris fartos, embora isso não seja uma regra. É do tipo mãezona; a Deusa pode ser vista já na menina que brinca de ninar e amamentar a boneca. A menina Deméter é aquela que toca a campainha dos vizinhos se oferecendo para cuidar e brincar com as crianças mais novas; ou se é a filha que tem pais um tanto irresponsáveis, logo se torna uma espécie de mãe de seus próprios pais e dos irmãos mais novos.

A mulher Deméter não liga muito para a aparência ou para festas, está mais concentrada em servir as relações, ser útil e estar disponível. Ela quem inventou a frase: "Sempre cabe mais um"; ou: "Onde come um, comem dois"; sua preocupação é se todos estão bem, se há comida para todos, se alguém tem alguma necessidade.

Como Deusa Vulnerável, as relações são o centro de sua vida e lhe proporcionam a expressão de seu ser. É comum que ela "adote" as pessoas ao seu redor e queira dar almoço, arrumar emprego, fazer mercado para os outros... Ela está sempre empenhada em "dar um jeito" na vida dos demais, podem ser colegas de trabalho, amigos ou parentes.

Deméter é péssima para dar bronca ou exigir algo de alguém, pois se compadece da dor que a pessoa sentirá ao ser repreendida e tende a controlar os que ama por chantagem emocional, se ressentindo quando percebe que não é mais útil, nem mais buscada com tanta frequência quando seus protegidos se tornam independentes e tomam seus próprios rumos. Quando isso acontece, ela se deprime e sua cólera é expressa punindo as pessoas com distanciamento, chantagens e silêncio.

É a mãe que, ao ver seu filho ou protegido fazendo escolhas, como estudar fora ou se casar, faz drama, sente-se abandonada e desvalorizada, deixando de falar com ele; ou que se ressente quando a filha se recusa a morar na casa ao lado da dela que está para alugar, ainda que se ofereça para pagar o aluguel.

A mulher Deméter dá demais, de si, de suas coisas, de seu dinheiro, de seu tempo e fica em falta para si mesma. Ela dá, mas não recebe, e isso a leva à exaustão física, somatizada em diversas doenças, por exemplo, câncer de mama, e à exaustão mental, sentida como depressão.

Deméter não costuma ser competitiva com outras mulheres nem irada; a ira de Deméter manifesta-se como depressão e distanciamento.

O jeito doador e permissivo de Deméter a torna presa fácil para abusadores e oportunistas de todo o tipo. Ela é capaz de ficar com dó de demitir um funcionário que a tenha roubado, por exemplo, não consegue se divorciar de um marido infiel e abusivo, nem dar limites a um filho por demais exigente.

A mulher Deméter também tem tendência a se sentir atraída por homens nada paternais que se tornam filhos dela, dessexualizando a relação e sendo mais um para ela cuidar.

O arquétipo de Deméter não é realizável apenas com filhos próprios, ela se realiza também cuidando de crianças de outras pessoas, como a própria Deusa fez quando estava em depressão e buscou trabalho como babá. Caso não seja mãe biológica, ela poderá adotar crianças, ou planejará facilmente ser mãe em carreira solo; pode trabalhar numa escola, ser a tia bondosa que cuida dos filhos de amigos e parentes. Como profissional, tende a ser aquela que atende fora do horário, cobrando menos ou até de graça, abrindo mão de seus afazeres ou momentos de descanso frente à necessidade do outro. Deméter tem problemas com limites e valores.

Um excesso de Deméter pode tornar a mulher uma mãe castradora e superprotetora, que faz escolhas pelos filhos e sabota qualquer tipo de independência deles, passando a clara mensagem de que são incapazes e de que apenas ela sabe o que é melhor para eles, cultuando relacionamentos de dependência e fragilidade, destituindo-os de poderem adquirir autoestima e autoconfiança para a vida. Corre o risco de mimar tanto os filhos que estes podem crescer acreditando que são merecedores de um tratamento especial que a vida não lhes dará, o que acabará por criar problemas de relacionamento e de responsabilidades por toda a vida.

O QUE PODEMOS APRENDER COM DEMÉTER?

Deméter nos ensina que podemos evocá-la para aprendermos a compartilhar, a nos doar, a amar, a cuidar e apaziguar o excesso de individualismo que possa existir.

A lição fundamental que esse arquétipo nos traz é a compreensão de quais são os nossos limites e a necessária atitude de colocá-los em prática para nossa própria salvação, assim como negar a importância dos momentos de autopriorização pode acabar com a saúde mental e física de qualquer um, fazendo o seio nutridor emocional e físico secar e adoecer.

Deméter também nos ensina que compaixão não é apenas imaginar como o outro se sente e tentar ajudá-lo, mas sobretudo permitir que tome seu caminho e arque com as vicissitudes que nele houver. Essa forma de amar sem egoísmo é, sem dúvida, um enorme aprendizado para quem se realiza justamente nutrindo, cuidando e amparando.

Aprender a expressar a cólera, bem como refletir sobre ela e não reprimi-la, também é outra necessidade que aprendemos por meio de Deméter, que a vivencia de forma passiva-agressiva.

Deméter igualmente traz como lição a necessidade de flexibilidade e criatividade quando nosso maior desejo não encontra satisfação. Com essas qualidades, podemos satisfazer o impulso nutridor, dando vida e carinho a outros projetos que não sejam necessariamente nossos filhos biológicos.

O impulso de ser mãe na mulher Deméter é tão grande que ela tende a engravidar até mesmo quando isso não lhe convém, mudando todo o curso de sua vida. Esquecimentos de tomar a pílula, se perder na tabelinha, entre outras autossabotagens inconscientes, são típicos da mulher Deméter. É importante compreender este risco, e aumentar a vigilância para o controle de natalidade e para a programação da gravidez acontecer com o mínimo de segurança e conforto para a mãe, na época que lhe convém.

A Deusa Ártemis

Quem Ela é? O Mito

Ártemis é a deusa guerreira da caça, da selva, da natureza, da Lua e do nascimento, é a arqueira que não erra o alvo. Como deusa virgem, sua realização e energia estão voltadas aos seus objetivos pessoais, não à necessidade de outras pessoas. Ela é a Deusa fraternal, aquela que não é afetada por nenhuma dor.

A História de Ártemis

Ártemis é irmã gêmea de Apolo, ambos são filhos de Leto e Zeus. Leto é uma divindade da natureza e Zeus, o Deus todo-poderoso, infiel marido da Deusa Hera.

Quando chegou a hora do parto, Leto, que estava grávida de gêmeos, se via numa situação delicada, ninguém em nenhum lugar queria recebê-la ou ajudá-la pelo medo da vingança de Hera.

Leto não teve outra opção, senão ir parir sozinha na árida ilha de Delfos. Ártemis foi a primeira a nascer dos gêmeos, e já nasceu grande o suficiente para ajudar sua mãe no parto de seu irmão Apolo, que levou nove dias e nove noites para nascer. Ártemis, embora gêmea de Apolo, ajudou a criá-lo e cuidou de sua mãe, que sofreu de muitas dores enviadas pela vingança de Hera.

Quando, enfim, Leto levou Ártemis para conhecer seu pai Zeus, ele se encheu de orgulho ao ver uma menina tão independente e destemida, e disse encantado: "Quando as Deusas me dão filhas como esta, me importo bem menos com a cólera de Hera... Minha pequena, terás tudo o que quiser!" Ártemis, então, fez seus pedidos ao pai, que foram prontamente atendidos; ela pediu: uma ilha cheia de natureza e animais selvagens, uma matilha de cães de caça, ninfas para serem suas companheiras, uma túnica bem curtinha e sandálias de amarrar que não a atrapalhassem a corrida, um arco e flecha com flechas de prata, forjadas por Poseidon, e a castidade eterna, para que nenhum homem pudesse tirar seu foco e sua liberdade.

Ártemis, a Deusa da Lua, e seu irmão gêmeo Apolo, o Deus do Sol, atuavam rapidamente em socorro de quem lhes pedia ajuda e, também, para se vingarem de forma implacável de quem os ofendia, ou ofendia a mãe deles, ou alguém que eles prezavam. Ártemis tinha de repetidamente acudir sua mãe para ajudá-la, vingá-la ou ampará-la.

Ártemis era extremamente competitiva; o único homem que amou, Órion, foi morto pela sua própria competitividade. Seu irmão Apolo, enciumado de ver a irmã gostando de outro homem, a desafiou, dizendo que não acreditava que ela pudesse acertar com sua flecha uma pedra ao mar. Ela prontamente lançou sua flecha que atingiu o alvo na hora, sem perceber que o alvo não era uma pedra, mas a cabeça de Órion. Apolo sabia que ele estava vindo naquele momento em direção à ilha para visitar Ártemis. Ela então colocou Órion entre as estrelas, criando assim a constelação de Órion. Foi a única vez que ela se apaixonou por alguém.

Como Ela é?

Ártemis é a guerreira que nunca erra o alvo. Obstinada e movida a desafios, já se mostra na menina moleca que prefere correr, subir em árvores e brincar de pique-pega com os amiguinhos. Na adolescência, adora andar com sua turma vivendo aventuras, explorando a natureza e se relacionando bem com o masculino, competindo com ele.

Não importa a idade, Ártemis segue sempre concentrada em seus objetivos, e é comum que a mulher Ártemis tenha sempre uma "relação gemelar" com alguém, isto é, que ela ande junto para cima e para baixo com alguém inseparável, às vezes é uma melhor amiga, outras vezes um namorado... Essa pessoa muda de tempos em tempos, sem drama, sem ressentimentos, nem ela sabe dizer como trocou de melhor amiga, é algo que acontece, sem muita fidelidade com a pessoa que faz o "gêmeo" com ela, mas sempre com alguém inseparável, numa alusão à relação que a Deusa tem o irmão Apolo.

As mulheres com o predomínio de Ártemis gostam de se vestir em primeiro lugar com algo confortável, não suportam falta de conforto em suas roupas e sapatos. Gostam de sapatos baixos, tênis, rasteiras, jeans, camiseta, tecidos leves, estampas, joias e bijuterias de prata ou étnicas com sementes, penas e cristais; apreciam o colorido e preferem o estilo informal, que vai do básico ao criativo e alegre.

De personalidade fraternal, ela está sempre pronta a ajudar, a dar uma força, a defender alguém que precise, de forma fraternal e não maternal de auxílio. Não é acolhedora de dar o colo, mas é aquela que não hesita em dar uma mão, um empurrãozinho e até um grande empurrão quando chamam por ela.

As mulheres Ártemis costumam ser magras, altas e de seios pequenos, para não as atrapalhar o lançamento de seu arco e flecha. Gostam muito de esportes e de serem atléticas e fortes, são as mulheres que chamamos de descoladas, brincalhonas, práticas e sem frescura. Elas se adaptam bem a viagens com mochilas, cabanas, são pau para toda obra, e amam explorar e conhecer o mundo e a natureza, viajar é seu oxigênio!

Elas costumam atrair as crianças, que as veem como irmãs mais velhas e se confundem em relação à sua idade. É comum que uma criança veja uma Ártemis adulta e ache que ela é adolescente, mas ela não é tão ligada em crianças e bebês; costuma achar estes últimos bastante dependentes, frágeis e não muito divertidos, ainda que sejam fofinhos.

No amor, a mulher Ártemis tende a se atrair e ser atraída por homens do tipo Apolo, o gêmeo da Deusa, Deus do Sol, ou seja, atléticos, simpáticos e solares, com jeito e cara de meninos. Tendem a dessexualizar a relação em pouco tempo, deixando o sexo mais de lado, criando um relacionamento mais voltado ao companheirismo. Se o pneu furar ela troca, e faz isso olhando feio e tirando sarro dos homens que ficam observando essa cena com olhos arregalados, como se dissesse com o olhar: "Tá olhando o quê? Quem precisa de você aí? Sou mais eu!".

O que Podemos Aprender com Ártemis

Ártemis, sem dúvida, pode ensinar alguns valores bem úteis na vida de qualquer mulher, como coragem, prazer da liberdade, autossuficiência, fraternidade, praticidade, ser sem frescura, cuidar bem do nosso corpo e da nossa saúde, praticando um esporte e se alimentando de forma saudável, recarregar as energias na natureza e com os animais, aprendendo a respeitá-los.

Ártemis nos conecta à nossa animalidade instintiva, nos dá a força da guerreira para atravessarmos as intempéries da vida e para conquistarmos nossos objetivos, não importando o quão distantes eles pareçam estar.

O arquétipo de Ártemis é o da mulher selvagem tão falada e cultuada na atualidade em nós. Mas o que é a mulher selvagem? É a mulher que está em contato consigo mesma, com seus potenciais, sua natureza e seus instintos mais preciosos, bem afiados e funcionando em pleno vapor!

A frase: "Eu sei me virar sozinha!" é bem característica da mulher Ártemis, e ela sabe mesmo!

Com Ártemis também nos conectamos à importância das amizades, de escolher e fazer a nossa tribo que nos traz companhia, suporte, identificação, pertencimento, afeto e apoio.

Ela também nos mostra que a autossuficiência e o foco demasiado em si mesma podem nos levar a não enfrentar as dificuldades que possamos ter com os relacionamentos, nos conduzindo ao isolamento.

Os valores feministas, que ganham cada vez mais voz, também estão relacionados ao arquétipo de Ártemis, que luta por direitos iguais, liberdade e respeito às mulheres.

A Deusa Atena

Quem Ela é? O Mito

Atena é a Deusa da Sabedoria, da cultura, da intelectualidade, da inteligência, do artesanato, é a Deusa guerreira urbana, que rege nosso lado profissional e intelectual, é a estrategista, a que nasceu não de um útero, mas da cabeça do próprio pai.

A História de Atena

Métis era a deusa do pensamento e da prudência, uma divindade oceânica, conhecida por sua sabedoria, e do romance, que gerou com Zeus, o Deus todo-poderoso, Atena.

Zeus, temendo a profecia a que receiam os deuses de ser destronado por um filho com atributos iguais aos seus, enganou Métis e a diminuiu o suficiente para poder engoli-la quando ela ainda estava grávida de Atena.

Um dia, Zeus acordou urrando de dor por todo o Olimpo. Eram dores que vinham e voltavam em sua cabeça e não o deixavam em paz, como as dores de um parto. Até o momento em que ele não aguentou mais de tanta dor de cabeça e pediu a Hefestos, seu filho e famoso ferreiro, que lhe desse uma machadada na cabeça para ver o que lhe causava aquela dor insuportável. Hefestos deu uma machadada na cabeça do pai, e eis que dali surgiu Atena, já adulta, vestindo uma armadura, empunhando sua espada e dando um grito de guerra! Assim nasceu a Deusa guerreira, padroeira dos guerreiros heróis, do artesanato, da inteligência, da habilidade, da estratégia e da sabedoria. Zeus, de imediato, a reconheceu como filha, a quem ofereceu presentes exclusivos, como seu raio e escudo mágicos.

Atena, que foi honrada com seu nome dado à capital grega, é uma deusa virgem que nunca se deixou seduzir pelos pedidos de casamento que recebeu. É focada em si e se realiza em seus objetivos.

Atena valoriza o empenho, a força, a determinação e o pensamento estratégico. Não age por impulso, sempre analisa para tomar a decisão mais inteligente.

Forte e determinada, já transformou uma pessoa em pedra, e tem como valores domar e domesticar.

Atena compartilha dos valores masculinos e se relaciona com os homens sem nenhuma inibição, mas não no papel feminino, nem combativo como Ártemis: Atena se sente como se fosse um deles.

Atena é uma Deusa racional, que despreza qualquer coisa que possa ter conotação de frágil, sensível ou emocional, qualidades popularmente atribuídas ao feminino. Tem orgulho de ser a filha do pai, não reconhecendo sua mãe.

Atena apadrinhou bravos guerreiros, como Aquiles, e apoiou os gregos na guerra de Troia.

Além de Deusa guerreira, é uma deusa artesã que valoriza a costura, o bordado, entre várias habilidades.

Se quisermos ser bem-sucedidas em algo, temos de nos conectar com nossa Atena, aquela que nos dá a capacidade de sermos inteligentes, perspicazes, racionais e prósperas.

Como Ela é?

A Deusa Atena se faz presente na menina curiosa que vive com o nariz enfiado em um livro, na garota sabichona que se empenha em descobrir de onde vieram e como funcionam as coisas, em como fazer algo, e nas brincadeiras de escolinha nas quais ela é a professora.

Se Atena pudesse ser traduzida numa palavra seria "Poder": é isso o que busca uma mulher Atena por meio de sua inteligência, esforço, empenho e estudo.

Mesmo em um ambiente simples onde não haja estudo disponível, Atena vibra na mulher empreendedora que cria soluções e prosperidade com o que ela puder ter à mão; ela vibra na mulher que se torna a melhor costureira do bairro, na que faz congelados para vender que são um sucesso, na que abre uma empresa ou na que se torna CEO de uma multinacional! É a profissional de sucesso que cresce pelo seu desempenho e por sua habilidade, tendo destaque e prosperidade no que quer que seja, onde quer que esteja!

A mulher Atena gosta de usar roupas chiques e sóbrias que demonstrem seriedade, poder, sofisticação, confiabilidade e segurança.

Ela não é de perder tempo com muitos apetrechos, e prefere joias com design discreto e versáteis, quando as usa.

Ternos, *blazers*, vestidos sóbrios, camisas bem cortadas e sapatos fechados são escolhas da mulher Atena, que transmite a imagem de ser uma mulher que sabe o que quer, sabe o que fala, o que faz e é sempre levada a sério.

Nos relacionamentos, Atena tende a ser a "professora". Consegue fazer de um *date* uma reunião de trabalho, transformando o potencial paquera em cliente ou aluno, levando o foco para uma relação comercial. Ela é racional e lógica, não tem espaço para sentimentalismo, é a mulher das soluções práticas.

Tudo que envolve planejamento, execução e atividades que requerem pensamento intencional são virtudes relacionadas a Atena.

É protetora das cidades, da justiça, das forças militares, das tecelãs, ourives e costureiras. Os gregos dizem que Atena deu à humanidade as rédeas para amansar o cavalo.

Na maternidade, Atena não é a mãe que sonha que o bebê não cresça, em vez disso, ela não vê a hora de o filho crescer para poder conversar e trocar ideias mais intelectuais com ele. É a mãe que investe sem pestanejar na educação, nos seminários e em cursos de línguas.

Atena pensa tanto que, se pudesse, seria apenas uma cabeça. Ela tende a ser desconectada de seu corpo que costuma ser negligenciado, com refeições rápidas e práticas que podem não ser nada saudáveis e ausência de esporte, a menos que ela se encante por algum esporte individualista em que possa aprender uma estratégia para se destacar.

Essa dificuldade de conexão com o corpo e de tornar mais leve sua mente pode impedir a mulher Atena de aproveitar o sexo e mesmo de ter orgasmos. Ela é muito mental e racional, e não costuma dar espaço para as sensações, para que isso ocorra, outros arquétipos têm de estar presentes. Atena pode se tornar dominadora no sexo, caso seja estimulada dessa forma, pois também é um local para usar seu poder.

O QUE PODEMOS APRENDER COM ATENA?

É com Atena que aprendemos a ser mais analíticas, racionais e lógicas, bem como a tomarmos melhores decisões, criando estratégias inteligentes para as diversas situações de nossas vidas.

Atena nos ensina que o poder está nas mãos de quem levanta e faz, de quem une estudo e atitude, de quem não se deixa abater pelo medo ou pela insegurança, de quem corre atrás!

Ela nos ensina o poder da ação, do estudo, do empenho para desenvolver uma habilidade e a capacidade de realizá-la bem, ela nos mostra que a confusão gerada por agirmos por impulso pode e deve ser superada pela criação do hábito de pensar, analisar para depois agir! Ela nos mostra como domar nossos ímpetos em prol de uma estratégia melhor.

A prosperidade também é um valor que adquirimos com Atena, pois ela nos dá a organização necessária para olhar extratos bancários, fazer planos, aprender, criar soluções e seguirmos na direção traçada de forma eficaz.

O excesso do arquétipo da Deusa Atena também alerta para aprendermos que compaixão e humildade devem ser exercícios diários para não nos tornarmos rudes, arrogantes, frias e impacientes, para a prática saudável da integração dos valores masculinos e femininos, que nos torna humanos, sobre a importância vital do equilíbrio entre vida profissional e pessoal e da saúde integral, fruto da conexão com nosso corpo e espírito. Afinal, ninguém é feito só de mente!

A Deusa Héstia

Quem Ela é? O Mito

Vamos agora falar sobre a Deusa Héstia! Ela é tão discreta que é a menos conhecida das sete Deusas Gregas, mas não menos importante. Héstia é a Deusa do fogo do lar.

Mas o que é o fogo do lar? É o que diferencia uma casa de um lar, é o amor, o aconchego, a sensação de um lar em paz, gostoso e acolhedor; é o aconchego que sentimos!

Dizem que uma casa não se torna um lar até que Héstia passe por lá e o abençoe. Héstia é a sábia anciã que vive dentro de cada uma de nós, e que traz como valores a estabilidade, a paz, a família e a serenidade.

Ao contrário das outras deusas, Héstia não tem uma história, um mito... Ela pertence às 12 divindades olímpicas, tendo cedido seu lugar, sem problemas, para Dionísio quando ele ali chegou; ela é filha de Reia e Cronos, os primeiros deuses. Cronos, temendo a profecia de ser destronado por um de seus filhos, engoliu muitos deles, tendo escapado apenas Zeus por uma artimanha da mãe, que entregou uma pedra enrolada em panos para o pai engolir pensando que fosse o filho. A profecia se cumpriu e Zeus, seu único filho a escapar, o destronou, libertando seus irmãos aprisionados de dentro do pai. Héstia era a filha mais velha e foi a última a ser libertada de dentro de Cronos, o deus do tempo; foi a que passou mais tempo com ele, talvez por isso Héstia se relacione tão bem com a passagem do tempo.

Ela se tornou a personificação da moradia estável, onde as pessoas se reuniam para orar e oferecer sacrifícios aos deuses. Era adorada por Deuses e mortais como protetora das cidades, das famílias e das colônias.

Uma Deusa discreta e poderosa que traz como seus poderes a paz, a serenidade, a calma, a espiritualidade, a conexão divina, a sabedoria, a solitude como prazer, bem como o crescimento e a estabilidade.

Héstia representa aquele cantinho preferido de nossa casa, onde nos sentimos em paz e seguros.

Héstia é uma das Deusas Virgens, das que focam seus objetivos. Apesar de ter sido cortejada e ter recebido pedidos de casamento de Deuses poderosos no Olimpo, ela preferiu fazer o voto de castidade e permaneceu centrada em si e no que lhe importava: a conexão divina, a estabilidade e a proteção dos lares, a união das famílias, o fogo sagrado, que é símbolo de acolhimento, fé e sustento.

Como Ela é?

Héstia se faz presente na menina pacífica que se entretém sozinha em atividades calmas, vendo TV, desenhando ou admirando as nuvens formarem desenhos no céu...

A mulher Héstia é aquela que curte sua própria companhia, gosta de ficar em casa, cultiva momentos de paz consigo mesma e capricha na limpeza e na arrumação do lar, não para exibi-lo ou para receber alguém, como faz Hera, mas para que ela mesma se sinta bem no conforto da sua residência. É a mulher que, mesmo estando em casa sozinha para jantar, acende velas, prepara uma refeição com capricho, usa suas melhores louças, põe uma música suave, enfim, ela é a sua melhor companhia!

A mulher Héstia não tem tanta necessidade de interação, ela se satisfaz bem sozinha e na quietude de uma vida pacata. Ela gosta de se sentir em paz e conectada espiritualmente por meio de oração, meditação, ioga, atividades contemplativas ou leituras edificantes.

Apesar de gostar muito de ficar só, ela também interage! Podemos facilmente encontrar mulheres do tipo Héstia em grupos de oração, em igrejas, cultos, templos ou centros de qualquer religião, em cursos de teosofia, teologia, filosofia, ou como benzedeiras, curandeiras, cuidadoras ou freiras.

A mulher Héstia pode gostar de usar roupas que expressem suas crenças, como túnicas, batas, longos vestidos, turbantes, colares de contas, etc.

É a mulher tranquila que gosta de ficar na dela, que tem sempre um ouvido sábio para quem a procura, gosta de atividades pacatas e de curtir a sua paz! Para a mulher Héstia, a solitude e o silêncio não são solidão, são necessidades vitais para ela, que tem prazer com seus momentos consigo mesma, escutando uma música, vendo televisão, lendo, enfeitando a casa, orando, meditando ou simplesmente relaxando.

Como mãe, a mulher Héstia se interessa por saber o que os filhos sentem e de conversar com eles sobre os mais variados temas, mas não tem muita determinação para dar limites e se colocar.

Como esposa, a mulher Héstia é agradável, passiva e pacífica, podendo até mesmo ser distante, pela grande necessidade que tem de se concentrar em si. Sexo não é algo importante para ela, é algo que ela poderia até mesmo viver sem, porém, quando pratica, se entrega ao momento como algo transcendental e tem facilidade para chegar ao orgasmo.

O QUE PODEMOS APRENDER COM HÉSTIA?

Ativando a deusa Héstia, podemos sintonizar a nossa conexão interna por meio da desconexão externa, desligando nossa atenção dos ruídos do mundo e escutando nossa alma.

Héstia nos ensina a sermos nossa melhor companhia, a desfrutar dos momentos a sós, transformando solidão no prazer da solitude, a fazer coisas simples com capricho para nós mesmas, e não só para os outros. Héstia também nos ensina a nos conectar com o sagrado, com a força dos rituais, com a sabedoria, com a serenidade e com a espiritualidade, podendo ser, ou não, pela devoção a alguma religião.

Héstia é um arquétipo excelente para ser ativado em casos de mulheres que sofrem de dependência emocional.

Você consegue perceber a diferença entre uma casa e um lar? Um lar é onde Héstia está, no sentido de criar aconchego, conforto, beleza, paz e tranquilidade, é o arquétipo que foi mais despertado durante a pandemia, quando as pessoas tiveram de ficar em suas casas e notaram o quão importante era viver num ambiente agradável, onde se pudesse estar com prazer durante muito tempo. O número de reformas e mudanças explodiu na época da pandemia, justamente por essa busca, que nos leva a transformar nosso lar em nosso templo.

A Deusa Afrodite

QUEM ELA É? O MITO

Vamos falar agora sobre esta Deusa tão explorada pela mídia como símbolo de uma sexualidade incontrolável, sedução e beleza!

Quando ouvimos a palavra Afrodite, o que vem na hora à nossa mente? Aposto que você aí também visualizou a imagem de uma mulher sexy, voluptuosa, com o corpo bem à mostra ou, talvez, tenha até mesmo se lembrado da vitrine de alguma sex shop!

Mas saiba você que, muito mais do que o símbolo que Afrodite carrega da mulher sexualmente voraz ou performática, essa Deusa associa-se à nossa espontaneidade na vida, o que é, na verdade, o elemento mais sensual que alguém pode carregar! Aquela sexualização que estamos acostumados a ver na exploração da imagem de Afrodite, de fato, tem pouca relação com ela, tem mais a ver com Perséfone. Afrodite rege a nossa relação com a beleza de forma natural, espontânea e criativa, sem pedantismo ou vulgaridade.

Afrodite é a Deusa do amor, da beleza, da fecundidade e da sexualidade.

A História de Afrodite

Ela foi gerada da mistura da espuma do mar com os órgãos genitais de seu pai, Urano, que foram decepados e jogados no oceano pelo filho de Urano, Cronos, por isso, é muito comum vermos Afrodite retratada em meio a conchas e pérolas. Ela nasceu já adulta, bela e nua, e desembarcou na ilha de Chipre. Quando lá chegou, por onde pisava nasciam flores; ela tratava todos com amor, delicadeza e encanto, ajudou as mulheres de Chipre nos partos e se tornou também uma Deusa da fecundidade.

Afrodite é a única deusa que se casou por escolha e por vontade próprias; escolheu como marido Hefestos, o Deus da forja e o mais feio do Olimpo. Hefestos era feio, manco, coxo e sem traquejo social, porém também era um excelente ferreiro e artesão, embora tenha sido rejeitado pela sua mãe já no nascimento. Afrodite se casa com Hefestos porque ela vê a beleza dele que ninguém enxerga, ela se encanta por seu talento e por sua devoção a ela. Inspirado por seu amor e paixão, Hefestos fazia belíssimas joias e adornos para a amada.

Volúvel às paixões, à vontade e ao prazer, Afrodite nunca foi fiel, teve vários amantes, o mais ilustre deles o Deus da guerra, Ares, irmão de Hefestos.

Afrodite se ressentia de quem negava o amor e abençoava quem se entregava a ele.

Ela já tornou humana uma mulher esculpida em mármore, por sentir compaixão ao amor que o escultor tinha pela estátua que ele criou.

Afrodite também fez com que Helena de Troia se apaixonasse por Páris, oferecendo a ele como prêmio o amor da mulher mais bela que existia. Como a irresponsabilidade também é característica da Deusa, essa paixão custou uma guerra, repleta de sangue, lágrimas, além da destruição completa de Troia e de todos os troianos, bem como a morte do próprio Páris, a quem ela protegeu pelos dez anos que durou a guerra.

Afrodite é a única deusa que integra o grupo da Deusa Alquímica, porque apenas ela reúne os dois universos, a independência pessoal e os relacionamentos significativos. Ela foi a única deusa que escolheu seus parceiros, que se casou por amor, que foi livre e viveu as paixões sem nunca ser submetida!

É também a única Deusa senhora de si, sem se afastar dos homens e sem competir com eles. Relaciona-se bem com os homens sem sair do papel feminino; pela sua exuberância e magnetismo, ela pode despertar a insegurança e o instinto competitivo das outras mulheres.

Como Ela é?

Afrodite é pura paixão pela vida! A mulher Afrodite não é a mais sarada, nem a com a saia mais curta, nem com o decote mais profundo, muito menos com o dedinho no canto da boca! Ela é aquela mulher encantadora pelo jeito de ser, pela forma que lida com sua beleza e suas imperfeições. É aquela que exala naturalidade e sensualidade sem ser vulgar, é a que faz com os que os outros se sintam especiais em sua presença sem ser bajuladora, a que lida com a sexualidade com liberdade, prazer e diversão. A mulher Afrodite pode ser ou não a mais bela, mas é aquela que tem um "quê" especial... A que tem *sex appeal*!

Sexo para a mulher Afrodite é algo muito natural e prazeroso, ela se entrega de verdade ao momento e às sensações, seja consigo mesma na masturbação que pratica sem culpa, seja com outra pessoa.

Podemos notar Afrodite na menina curiosa com o mundo sexual, que deseja ver, quer saber, que descobre cedo seu corpo por meio da masturbação. Afrodite se faz presente nos sonhos eróticos, num momento de redescoberta em qualquer fase da vida, numa mudança hormonal, por exemplo; seja no início da adolescência com a explosão de hormônios, seja mais tarde, numa reposição destes, ela pode surgir em qualquer instante, trazendo sempre como marca registrada o prazer consigo mesma, nos relacionamentos e com a vida!

A mulher Afrodite é a que curte a vida e seus prazeres, é o tesão na vida, ela se energiza apreciando e sentindo a beleza e o belo. Ela saboreia de verdade o que come, bebe, vê e produz. Rega seus projetos profissionais com amor e paixão, é supercriativa e tudo o que toca vira ouro, mas tem dificuldade com a organização e o foco nas condições práticas e burocráticas para que a coisa aconteça.

Suas roupas e acessórios não são necessariamente vulgares, como muitas pessoas costumam associar à Deusa, mas são sempre bonitos, de bom gosto e evidenciam sua beleza. A mulher Afrodite aprecia joias e adereços que a façam se sentir bela e sensual, também adora obras de arte, nas quais pode apreciar beleza e talento.

Nos relacionamentos, ela naturalmente faz com que as pessoas se sintam valorizadas, pois vê de fato o belo em todos, ainda que possa não ser tão visível a olho nu, como no mito da paixão da Deusa por Hefestos. Ela expressa o belo em si com sua espontaneidade, naturalidade, bom humor e bom gosto.

A mulher Afrodite tende a se entregar ao prazer do momento, por isso pode negligenciar horários e compromissos. A fidelidade também não é o forte da Deusa, que tende a ser volúvel e irresponsável, se deixando levar pelo calor do momento sem se preocupar com as consequências. Para a mulher Afrodite conseguir se comprometer deve ter juntamente ativada a deusa Hera.

Como mãe, a mulher Afrodite é a alegria dos filhos quando está em casa! Ela é amorosa, carinhosa e incentiva o talento natural deles, mas como é também focada em si, não é a mãe que está sempre disponível, nem é muito boa com limites e compromissos. Sua presença inconstante pode tornar os filhos ansiosos e inseguros sobre quando terão a disponibilidade dela.

O QUE PODEMOS APRENDER COM AFRODITE?

Afrodite nos lembra de que a vida também deve ser boa, e nos convida com muito charme a curtir as delícias da vida, sejam elas simples ou sofisticadas, a saborear de verdade um momento, uma boa conversa, um vinho, uma refeição, uma massagem, uma obra de arte, um passeio especial, uma paquera, uma transa, um orgasmo...

Afrodite nos ensina a nos relacionar bem conosco, com nossa beleza do jeito que ela é e com nosso corpo. Aquela frase da música de Paula Toller: "Não temos corpo perfeito, sabemos usá-lo bem" poderia ter sido dita por ela, que nos leva a perceber e ficar confortáveis com nossas qualidades e potencialidades do jeito que são, a não nos chicotear por nossos defeitos ou pontos fracos. Ela traz a conexão com nosso corpo e mente como fontes de prazer e diversão!

Com Afrodite, somos capazes de apreciar e reconhecer a beleza da vida, seja num pôr do sol, numa pessoa, num talento, numa obra de arte ou num sabor!

Afrodite também nos ensina a fazer as pazes com a passagem do tempo, pois ela sabe que cada momento da vida e do corpo tem sua beleza e encanto.

Por meio de Afrodite também brotam nossa criatividade e capacidade de criar, de forma envolvente e bela.

Afrodite igualmente nos alerta, ensinando por intermédio das confusões que causou o mito e do excesso da Deusa numa mulher, a respeito do grande problema que é viver apenas regida pelo princípio do prazer, cedendo aos desejos de forma inconsequente, sendo volúvel a viver o momento sem se preocupar com os resultados, de ser irresponsável e imprudente, o que pode gerar muita dor, prejuízo e confusão.

Vale sempre a pena lembrar que somos a mistura em proporções desiguais de várias deusas, que a predominância de apenas uma delas, em todas as áreas de nossa vida, é algo incomum e até mesmo patológico.

Qual Deusa é Melhor para Mim?

Essa pergunta tem mais respostas do que a quantidade de mulheres que há no mundo!

Por quê? Porque toda mulher é mutante, já foi um dia menina, moça, jovem, madura e anciã, e de acordo com cada fase da vida que vivemos mudam nossos desejos, necessidades e prioridades!

Você se lembra de qual era seu maior desejo aos 15 anos? E qual era sua maior necessidade aos 20? Sua meta aos 40? Seu sonho aos 50? E daí por diante! Tudo muda, não é mesmo?

As Deusas, a serem despertadas e ativadas numa mulher, correspondem a isso, a este balé dentro de nós, à atualidade do momento da vida de cada uma de nós!

Então, imagine se você, mulher, tem uma Hera muito ativa, mas vive um casamento que já acabou e está tendo muitas dificuldades em se divorciar por não acreditar que existe vida para as solteiras, por apego ao papel de casada, por não imaginar como pode se entreter sem o marido. Essa mulher poderia se beneficiar de outras Deusas neste momento: Hera, como protege o casamento, não seria a mais adequada para estar tão ativa nessa pessoa no momento da separação, nessa hora ela poderia se beneficiar de outras Deusas, por exemplo, Ártemis para redescobrir o valor da liberdade, das amizades, da natureza, de perseguir um objetivo; ou Atena, para se concentrar no trabalho, aprofundar-se num estudo, mergulhar numa tarefa intelectual, num curso de artesanato, na reorganização estratégica da vida; ou Afrodite, para ir em busca das paixões de verdade que ela tenha, ou se entregar a um novo romance, uma redescoberta sexual; até mesmo de Héstia, desfrutando o prazer da solitude, da própria companhia e da espiritualidade!

A resposta de qual Deusa é melhor para você depende dos seus objetivos de vida do momento, não existe Deusa ruim ou Deusa boa!

As Sete Deusas que nos ajudam ou nos sabotam são lados de nós mesmas, e se não estão funcionando de acordo com o que queremos construir em nossas vidas no momento presente, podemos alterar isso. Sabendo mais sobre elas, entendemos mais sobre nós também!

Como Ativar uma Deusa em Mim?

Existem algumas formas de ativar as Deusas mais apropriadas para o momento de vida em que você está agora! Quer saber como? Eu conto para você! Venha comigo!

Como seres humanos, aprendemos basicamente por mimetização! O tempo todo tudo que está à nossa volta nos influencia: olhe para a blusa que você está vestindo neste instante, isso, agora mesmo! Repare na cor, no modelo, na marca; agora tente se lembrar de como você escolheu essa blusa, deve ser porque já viu alguém usando uma igual ou parecida, na rua, na sua turma de amigas, clientes, familiares, na revista, na TV, nas redes sociais, na vitrine! Sim! E a cor? Com certeza, você também viu essa cor muitas vezes até que pensasse: Que cor legal! Quero uma blusa dessa cor! Talvez nem achasse essa cor tão bacana antes de vê-la em tantos lugares e começar a gostar dela!

Tudo o que consumimos, por exemplo, imagens por onde nossos olhos passeiam nas redes sociais, na TV, nas pessoas, nas séries que gostamos de maratonar, nas celebridades que gostamos de acompanhar, tudo isso gera referências no nosso cérebro, que coleta e armazena todas as informações!

Nosso cérebro só reconhece o que ele conhece! É como se ele ficasse escaneando a realidade e catalogando os elementos encontrados em seu arquivo mental; quando ele encontra algum elemento que já conhece, bingo! Dá *match*!

O reconhecimento de algo conhecido nos faz sentir aquela sensação de familiaridade, de segurança, de atração e conforto! É como quando encontramos um conhecido de nossa cidade em outro país, na convivência do dia a dia damos um "oi" sem tanta graça para ele, mas ao encontrá-lo num lugar diferente, damos até um abraço e ficamos felizes ao vê-lo! Já aconteceu com você?

Minha professora dizia, por exemplo, que se você não elabora sua relação com seu ex, ele volta no corpo de outra pessoa! Por quê? Porque ao encontrar alguém com características semelhantes, automaticamente seu cérebro reconhece e dá *match*!

Assim também é quando queremos ativar uma Deusa em nós. Imagine só que você, mulher, queira ativar sua Deusa Atena, mas segue um monte de perfis sociais de mulheres Perséfones, com seus vestidos longos cheios de babados e renda, muito cor-de-rosa, *selfies* com biquinho, e que você se vista igualmente dessa forma.

Além disso, assiste a séries e filmes de mulheres sofredoras, que são frágeis, abusadas e subjugadas, me diga... Como você vai conseguir se conectar com Atena desse modo? Você estará alimentando a Perséfone que há em você e não a Atena! Se você quer desenvolver a feminilidade, a suavidade e a doçura, está no caminho certo! Mas se quer desenvolver Atena, está indo na contramão!

Você deveria seguir perfis de mulheres Atena, ver séries, praticar atividades que requeiram habilidade, raciocínio, estratégia, ler, usar a simbologia da Deusa e se vestir como ela. Incorporar, bom como praticar o arquétipo da Deusa, é o que a torna ativa em nós!

Como Desativar uma Deusa que Está em Excesso ou não Está em Sintonia com Meus Objetivos?

É como mudar velhos hábitos. Falando em termos de neurociência, para cortar velhos hábitos temos de construir hábitos novos mais eficazes que os substituam por meio da repetição do uso.

Um hábito se forma mediante uma conexão neuronal, quanto mais exercitada, mais forte ela fica, e mais automatizado o hábito fica também! É como escovar os dentes: quando éramos crianças, nossas mães tinham de ensinar e pedir que fizéssemos isso, de tanto fazer repetidamente se tornou automático, se transformou num hábito e virou parte de nós!

Com as Deusas é a mesma coisa! Para desativar uma Deusa, é necessário atrofiar a sua conexão com ela, fortalecendo a conexão com a Deusa que quer ativar. Isso é possível por meio da mudança de hábitos, da escolha das roupas, dos acessórios, da simbologia, da decoração, dos perfis que seguimos nas redes sociais (quantas vezes você checa seu celular e dá de cara com centenas de imagens por dia? Cada uma delas está criando uma referência em sua mente!), dos livros e revistas que você lê, das séries e filmes que vê, até mesmo de suas escolhas alimentares!

Para ativar ou desativar uma Deusa em sua psique, seja consciente de suas escolhas, busque praticar atividades que a conectem ao arquétipo desejado. É necessário vivenciar o arquétipo na prática, e não apenas fazer decoração com ele.

É um trabalho divertido! Tente perceber as Deusas nas personagens das séries que você maratona, nas mulheres que conhece, nas suas amigas, nas suas familiares, nas suas colegas de trabalho. Observe quais são as mulheres e personagens que têm a Deusa que você quer ativar, se aproxime delas, experimente ler o que elas estão lendo, aprenda algo de interessante com elas que reforce esse lado em você!

Ao mesmo tempo, se desconecte dos estímulos da Deusa que você quer desativar. Deixe de seguir os perfis de redes sociais que tenham o estímulo que você quer evitar, dê um tempo nas roupas e em acessórios, objetos decorativos e tudo o que a liga ao que você quer diminuir.

A vida é mutante! Se um dia temos vontade de usar colar de pérolas e no outro colar de penas, está tudo bem! Nada é para sempre, é gostoso experimentar algo diferente para sentirmos as várias Deusas que somos e lembre-se, de tempos em tempos tudo muda, e é natural que seja assim!

A Simbologia das Deusas

Você sabia que podemos ativar as Deusas em nós também usando a simbologia referente à Deusa desejada? Podemos usar os símbolos na decoração, nos acessórios pessoais, em locais que propositadamente ficam ao alcance de nossos olhos, por exemplo, a tela do seu computador! Eu tenho em meu consultório uma coruja como peso de porta, que é o símbolo de Atena, a Deusa da sabedoria e do trabalho!

A Simbologia da Deusa Perséfone

Para ativar sua feminilidade, suavidade, doçura e receptividade, entrar em contato com suas sombras, com seu lado místico, intuitivo, empático e médium, você precisa ativar Perséfone!

Para isso, pode usar e abusar de vestidos de babados, rendas, em estilo romântico, cor-de-rosa, perfumes, idas ao salão de beleza, cremes, maquiagem, rituais de beleza, tratamentos estéticos, consultas de tarô e de outros métodos divinatórios, e escolher ornamentos decorativos com o símbolo da romã, tudo isso é relacionado a Perséfone.

Siga nas redes sociais mulheres bem femininas, charmosas e sedutoras, que com suas imagens em fotos impecáveis relatam suas histórias de superação, empatia e descobertas místicas.

Para entender melhor Perséfone, assista a filmes e séries de mulheres submissas que se envolvem com homens fortes e dominadores, e preste atenção às personagens, como a Bela, de *A Bela e a Fera*; Anastasia, de *Cinquenta Tons de Cinza*; Laura, de *365 Dias*; Carrie, de *Sex and the City*; Phoebe, de *Friends*; Jess, de *Chesapeake Shores*; aos documentários sobre Lady Di, além de comédias românticas, lembrando que, assim como nós, as personagens também têm a presença de outros arquétipos nelas.

No entanto, se você está tendo problemas com excesso de Perséfone ativada, como fragilidade emocional, falta de assertividade e direção, dependência afetiva e financeira, atração por homens machistas e dominadores ou sofre pela passagem do tempo, deve se afastar do mundo de Perséfone e perceber qual Deusa é a que a ajudaria neste momento da sua vida!

A Simbologia da Deusa Hera

Para ativar sua liderança, senso de compromisso, fidelidade, autoridade, dignidade, conectar-se a valores tradicionais e sociais, praticidade, autoconfiança, determinação, resiliência, para atravessar os conflitos de qualquer relação, ter conexão com o casamento e com a família, você precisa se conectar com a Deusa Hera!

Hera é a deusa Rainha do Lar. Para ativar esse arquétipo, você pode cuidar bem da sua casa, arrumando, organizando e deixando tudo bem bonito! Pode usar penas de pavão em algum ornamento decorativo, adotar um estilo clássico e elegante de se vestir, com calças e saias bem cortadas, camisas de seda, vestidos bem alinhados, colar de pérolas, joias bonitas, clássicas e elegantes, bater um papo com as amigas casadas, frequentar eventos beneficentes e políticos.

Para compreender melhor o arquétipo de Hera, assista a documentários sobre Jacqueline Kennedy, Hillary Clinton, Lady Di, observe a personagem Charlotte York em *Sex and The City*, o filme *Mulheres Perfeitas*.

Mas se você está tendo problemas com excesso de Hera ativada, como sustentar um casamento sem felicidade por medo de se separar, ter sentimentos de ódio e perseguição; desejar vingança de amantes e do marido ou ter ciúmes e ataques de fúria, deve se afastar do mundo de Hera e perceber qual ou quais as Deusas que seriam mais úteis para você neste momento de vida!

A SIMBOLOGIA DA DEUSA DEMÉTER

Para ativar seu lado nutridor, maternal e doador, saber servir, entregar-se, conectar-se com as necessidades dos demais, você precisa entrar em Deméter! Ela é a Deusa do cereal, que rege a maternidade, a fertilidade e a nutrição, por isso, você pode decorar um vaso com ramos de trigo, visitar uma amiga com filhos pequenos e ajudar a cuidar deles, aprender a cozinhar e fazer receitas para seus amigos, familiares ou pessoas de seu trabalho, cuidar de alguém ou de algo, como plantas ou animais, até mesmo de um projeto. Você pode se envolver em algum projeto de assistência social ou visitar um lar de crianças e proporcionar alguma atividade para elas.

Lembre-se de que o arquétipo da Deusa Deméter gosta de cuidar e nutrir, você pode ativá-lo recebendo pessoas em sua casa, se preocupando se elas estão confortáveis e servindo bem a todos.

Você também pode assistir a documentários sobre parto, desenvolvimento infantil, saúde e culinária, ver filmes com mulheres maternais que cuidam de sua prole com amor e dedicação; fazer um curso de culinária e estar em contato com outras mulheres que se realizam em cuidar e nutrir.

Para entender um pouco mais sobre o arquétipo, assista a documentários, como *O Começo da Vida*, *O Renascimento do Parto*, a filmes, por exemplo, *Minha Mãe é uma Peça*, *Cisne Negro*, veja a personagem Branca de Neve na série *Era uma Vez*.

A SIMBOLOGIA DA DEUSA ÁRTEMIS

Você pode ancorar a simbologia de cada uma das Deusas, tanto nos ambientes quanto nos seus acessórios e atividades. Por exemplo, vamos supor que você queira se conectar com Ártemis, a Deusa da caça e da liberdade, ou seja, se quiser ativar seu espírito livre, seu lado aventureiro, corajoso, independente, autossuficiente, guerreiro, visceral, instintivo e fraternal; se quiser priorizar seu corpo e sua saúde, começar a se alimentar de forma saudável ou iniciar a prática de um esporte ou uma luta marcial, você precisa se conectar à sua Deusa Ártemis! Para isso, pode dar um passeio descalça na grama ou na areia, passar um tempo na natureza, se vestir com tecidos leves, roupas estampadas, alegres, coloridas, étnicas. Pode usar um brinco de pena, um colar de sementes, sapatos baixos e confortáveis, usar joias e bijuterias de prata ou de elementos naturais, como sementes e castanhas, ou roupas de esporte, bem despojadas, alegres, leves e vibrantes. Você pode decorar uma parede com um arco e flecha, deixar um fundo de tela com uma imagem da Lua em seu computador, pode se esmerar para se alimentar de modo saudável, fazer um curso ou ler um livro de receitas rápidas e saudáveis. Pode brincar com um animalzinho, cavalgar, praticar um esporte, passar um tempo ao ar livre, dar um mergulho, tomar sol e se bronzear, marcar um encontro com as amigas, assistir a filmes de mulheres aventureiras, fazer uma viagem!

Para entender melhor o arquétipo, siga nas redes sociais contas que falem sobre viagem, esporte, vida saudável, DIY (*Do It Yourself* – Faça Você Mesmo), receitas práticas e naturais, ervas, pessoas que vivem viajando, que são aventureiras sem frescura, atléticas, divertidas e joviais, ainda que já tenham mais idade. Essas são as características do arquétipo que você pode conferir assistindo a filmes de mulheres aventureiras e obstinadas, observando a personagem Rachel em *Friends*, Emma em *Era uma Vez*, as amazonas em *Mulher Maravilha* ou em *Troia*, Jane em *Sr. e Sra. Smith*, todas as personagens de *Sex and the City*, as bruxas de *La Luna Nera*, assistindo a *Kill Bill* ou observando a personagem de Angelina Jolie em *O Procurado*, vendo o documentário *Expedition Happiness* ou documentários sobre Brigitte Bardot, Gisele Bündchen, mochileiros... Tudo isso são simbologias, formas de se conectar com a Ártemis que há em você!

A Simbologia da Deusa Atena

Se você quer ativar seu lado racional, prático e analítico, sua inteligência, competência, bem como desenvolver habilidades e estratégias e prosperar no mundo profissional, precisa se conectar com a Deusa Atena!

Você pode evocar Atena escolhendo perfis de mulheres do tipo Atena: elas são fortes, determinadas, inteligentes e não perdem tempo com firulas. Siga perfis que compartilhem informações e dicas financeiras, e de como produzir algo que possa virar uma profissão. Atena ama ler e estudar, portanto, você pode incluir na sua rotina a leitura de livros que lhe ensinem algo, podem ser novas capacidades emocionais, estratégias de negócio, biografias sérias de pessoas inspiradoras, uma nova técnica.

Você pode se vestir de forma sóbria, com roupas que passem a imagem de poder, seriedade e confiabilidade. Pode investir em algum curso em que aprenda alguma habilidade, pois Atena é a padroeira das tecelãs, dos ourives, da justiça, das costureiras e do artesanato.

Você pode usar os símbolos de Atena na decoração e em adornos, são eles: a coruja, símbolo da inteligência; a balança, símbolo da justiça; e a serpente, que simboliza sabedoria e renascimento, expressa no caduceu, emblema da medicina e de outros cursos da área da saúde.

Para ativar Atena, você pode conferir seu extrato bancário, somar seu lucro do mês, o valor de suas dívidas e criar uma estratégia para saná-las, pode contabilizar a cifra que fez ao mês, e o quanto gostaria de fazer e buscar meios de ir atrás desse número!

Você também pode assistir a documentários e filmes de mulheres fortes e determinadas, que fizeram história confiando em seus talentos e usando suas habilidades, por exemplo: a personagem da rainha Elizabeth em *The Crown*; de Madam C. J. Walker; de Maria Madalena; observar a personagem

Monica em *Friends*, Miranda em *Sex and the City*; ver o filme *O Diabo Veste Prada*, a personagem Claire de *Outlander*, a entrevista com Sara Blakely em *Hello Sunshine*, o documentário *The Home Edit*.

A Simbologia da Deusa Héstia

Se você quer ativar seu lado sábio, sereno, espiritual e pacífico, precisa se conectar com a Deusa Héstia!

Héstia é a Deusa do fogo do lar, protetora das famílias, dos lares e das cidades. Uma casa não se torna um lar até que Héstia passe por lá. A simbologia de Héstia é o fogo, que pode ser utilizado em lareiras, fogueiras, na chama de uma vela ou incenso, ou o fogão, ao cozinhar para si mesma ou para servir uma comida caprichada.

Para ativar a sua Héstia, você pode organizar e limpar sua casa, pois Héstia adora um lar caprichado e gostoso onde ela tenha prazer de estar!

Você pode evocar Héstia começando a meditar sozinha mesmo, aí na sua casa! Existem vários aplicativos gratuitos que ensinam como meditar, eu mesma sou professora de meditação do aplicativo Insight Timer, você pode meditar comigo gratuitamente por lá! Consulte:
<https://insighttimer.com/br/professores/danielaervolino>.

Você pode fazer orações como ritual diário, ir a um grupo de orações, ioga ou meditação, a um retiro espiritual, pode visitar a igreja, o culto, o centro ou o templo de sua religião, ou conhecer várias religiões, frequentando os eventos de cada uma que você simpatizar.

Você também pode montar um altar em sua casa com objetos e imagens que a façam se sentir conectada a criar momentos de paz, tranquilidade e sossego em seu lar. Use e abuse de incensos, velas aromáticas, mantras e roupas que expressem suas crenças, como batas, vestidos, echarpes, turbantes, terços, japamalas.

Passe um dia tranquilo em sua casa relaxando, vendo TV, lendo, faça as coisas com capricho para si mesma, agende uma sessão de Reiki, benzimento, cura prânica ou massagem, inicie um curso de teosofia, filosofia ou teologia, tudo isso é simbologia que se relaciona com a Deusa Héstia. Siga nas redes sociais perfis de benzedeiras, curandeiras espirituais, religiosos, de decoração e de receitas.

Para inspirar a Héstia que há em você, leia obras e assista a filmes e documentários de pessoas que peregrinaram em busca de iluminação, como o filme *Sete Anos no Tibet*; os livros *O Alquimista*, de Paulo Coelho; e *A Profecia Celestina*, de James Redfield; os documentários *Goop Lab*, *A Indústria da Cura*, *Humano*.

A Simbologia da Deusa Afrodite

Se você quer ativar mais prazer em sua vida, em seu corpo e em suas relações, é com Afrodite que tem de se conectar!

E como se conectar com a Deusa Alquímica do amor e da beleza? Afrodite ama tudo o que é belo e vê o belo até mesmo onde ele não está exposto, como no Deus Hefestos que ela escolheu para se casar, lembra? Então, você pode começar a ancorar Afrodite se esforçando para ver o belo nas pessoas ao seu redor, sendo gentil com elas e também consigo! Sim! O que você tem de belo? Veja, se aposse, assuma sua beleza tal qual como ela é! Quebre os padrões!

O arquétipo de Afrodite não pertence a uma mulher necessariamente dentro das medidas! Ela está presente na mulher que se sente à vontade consigo, que encanta pela espontaneidade e naturalidade, que não faz tipo nem força a barra para parecer o que não é.

A maior parte de minhas pacientes diz que os homens se interessam muito mais por elas quando são elas mesmas, estão relaxadas e à vontade, quando não estão tentando impressionar! Isso acontece porque é aí que Afrodite surge na mulher.

Afrodite pode ser evocada com uma automassagem caprichada, em que a mulher sinta em seu próprio o toque como gosta de ser tocada, na qual vai tomando intimidade com seu corpo, sentindo e prestando atenção às sensações, passando um hidratante ou um óleo enquanto se vê nua num espelho, quando ela põe uma música sensual, como as de Sade ou Marvin Gaye, para tomar um banho caprichado com seus mais cheirosos sabonetes, sem pressa, sentindo a água correr pelo corpo, a espuma e o perfume do sabonete... Ahhh que delícia, né?!

Podemos ativar Afrodite também com qualquer atividade em que nos entreguemos ao prazer, pode ser saborear um alimento, uma massagem relaxante, um pôr do sol, a companhia de uma amiga, um café quentinho, um amasso com o amado. Entregue-se de corpo e alma ao momento presente!

Nas redes sociais, dê preferência a seguir perfis de mulheres espontâneas, que exalem uma sensualidade natural e não pedante. Siga perfis de sexologia, sexo tântrico, de fotos e de desenhos eróticos e sensuais.

Afrodite tem como símbolo a pomba branca, a pérola, joias, a concha, o golfinho e a rosa. Você pode usar esses elementos como adornos decorativos ou em suas vestimentas;

procure usar roupas que a façam se sentir bonita e atraente. Coloque música para tocar! Afrodite adora arte, em forma de som, de quadros, de filmes, de peças.

    Quer despertar Afrodite? Então, divirta-se! Mentalize que seu corpo é fonte de prazer, assim como a vida!

    Você pode ler sobre mulheres sensuais e espontâneas, e assistir a filmes como *Pecado Original*, observar a personagem Lily no filme *Cisne Negro*, ver documentários como *Goop Lab*, *A Indústria da Cura*.

    Para se conectar com cada Deusa, você tem de entrar no mundo dela por meio de seus elementos, hábitos, comportamentos e escolhas. Também há outras formas, por exemplo, as afirmações de poder de cada Deusa que você vai conhecer no próximo capítulo!

Outras Formas de Ativar as Deusas – Afirmações

Outra maneira de ativar as Deusas em nós é por meio do trabalho com afirmações de poder! Você conhece? Louise Hay, que foi uma pioneira da literatura de qualidade no ramo da autoajuda, usou muito esse recurso de formas muito interessantes.

Por meio do princípio da repetição, oferecemos ao nosso cérebro um lembrete contínuo que de tanto ele estar em contato acaba por reconhecer e se identificar. Isso acontece se não temos algo que inconscientemente acreditamos ser o contrário da afirmação. Por exemplo, se eu afirmar que o dinheiro vem a mim com facilidade e abundância, mas, de maneira inconsciente, tenho a crença de que ser rico é ser mau, isso não vai funcionar, pois o inconsciente é como uma válvula de segurança que a protegerá do que ele identifique como perigoso.

Primeiro você deve trabalhar e modificar a crença para, então, praticar a afirmação.

Com as Deusas é a mesma coisa! As histórias de cada uma das Deusas as personificam em nossa mente. Como diz Jean Shinoda Bolen, minha autora preferida sobre Deusas: "As Deusas podem ser imaginadas e depois invocadas!".

Vou lhe contar alguns exemplos de afirmações que podem ser praticadas para despertar cada Deusa que existe em você:

Atena: Ajude-me a pensar com clareza nesta situação.

Perséfone: Ajude-me a permanecer aberta e receptiva.

Hera: Ajude-me a me comprometer e a ser fiel.

Deméter: Ensine-me a ser paciente e generosa, ajude-me a ser uma boa mãe.

Ártemis: Mantenha-me centrada neste objetivo distante.

Afrodite: Ajude-me a me amar e a desfrutar do meu corpo.

Héstia: Honre-me com sua presença, dê-me paz e serenidade.

Como Praticar as Afirmações?

As afirmações podem ser escritas num papel ou num *post-it*, e coladas onde você veja com frequência, como no espelho do banheiro, na porta do armário ou na tela do seu computador.

Podem ser praticadas como mantra, focando, bem como se concentrando apenas na repetição da afirmação, ou também podem ser ditas em voz alta várias vezes na *power pose* ou posição de poder. A *power pose* é uma posição muito fácil de fazer, da qual muitas celebridades tiram proveito para passar e sentir essa imagem de poder que a pose confere ao nosso inconsciente: basta ficar em pé com as pernas levemente afastadas, os pés bem firmes no chão e as mãos/punhos na altura da cintura. A *power pose* é a pose da Mulher Maravilha.

Amy Cuddy, psicóloga e professora da Harvard Business School, apresentou um famoso *Ted Talk* sobre um estudo em que mostra que permanecer na *power pose* por dois minutos diários, podendo ser em frente ao espelho, ajuda a reduzir o nível de cortisol, aumenta o nível de testosterona, elevando a autoconfiança, o que gera um impacto considerável nas nossas chances de sucesso.

Eu, particularmente, sempre usei o recurso da linguagem corporal e verbal com meus pacientes com resultados imediatos que, claro, para serem mantidos necessitam de repetição e constância.

A linguagem corporal afeta a maneira como os outros nos veem, mas também pode mudar a forma como nos vemos. A pesquisa de Amy constatou um aumento de 20% nos níveis de testosterona e redução de 25% nos níveis de cortisol.

Quando um paciente diz a mim que quer se sentir mais confiante, eu sugiro que façamos este exercício que aprendi no teatro com o professor Hamilton Oliveira. Ele o utilizava para que o ator entrasse no personagem, se sentindo como o próprio. Eu o adaptei para o uso no consultório. Pergunto então ao meu paciente: "Como uma pessoa bem confiante se sentaria?" Na hora, ouço a resposta que não varia: ereto, barriga para dentro, ombros alinhados, etc. Digo, então: "Como? Faz aí, me mostra!". No mesmo instante, o paciente se senta como descreveu, e aí sigo perguntando: "Como respira uma pessoa bem confiante? Qual o tom de voz dela? Agora levante, ande até o final da sala como uma pessoa bem confiante anda, pare em minha frente de pé como alguém confiante pararia, repita com esse tom de voz, respiração e pose o discurso que você havia feito antes!" De súbito, ouço o paciente dizer que se sente muito mais seguro.

Esse mesmo recurso pode ser aplicado para trabalhar com as afirmações escolhidas, e para se trabalhar a ativação de uma Deusa em nossa psique. O que você quer ou precisa ativar?

Como essa mulher Deusa anda, como ela senta, qual o tom de voz dela, como ela se veste, como ela respira? A repetição, a consciência e a constância do exercício irão ajudá-la a dar vida, dar vez, ativar a Deusa que há em você!

Os Chacras e as Deusas, por Jana Debiagi

Conheci Jana Debiagi há muitos anos num curso sobre as Deusas. Como boas Ártemis, nos conectamos de imediato e nos tornamos amigas. Ela também trabalha lindamente com Deusas e Técnicas Terapêuticas Holísticas e começou a faculdade de Psicologia! E preparou especialmente este capítulo lindo para você.
Você sabia que as Deusas e os chacras se correlacionam? E que, por meio de cores, cristais e mantras, podemos ativar a energia de um arquétipo em nós?
Neste capítulo, vamos nos dedicar à correlação dos chacras, que são centros captadores e armazenadores de energia, com os arquétipos. Em nosso sistema energético, temos aproximadamente 144 mil chacras, mas aqui iremos considerar as sete principais.
Chacra, em sânscrito, quer dizer disco ou roda. Os sete que iremos considerar ficam localizados na base da coluna e vão até o topo da cabeça.
São eles:

Muladhara (básico) – primeiro.

Swadhisthana (umbilical/sexual) – segundo.

Manipura (plexo solar) – terceiro.

Anahata (cardíaco) – quarto.

Vishuddha (laríngeo) – quinto.

Ajna (frontal) – sexto.

Sahasrara (coronário) – sétimo.

Nos estudos dos arquétipos gregos, correlacionamos as Deusas com os chacras, podendo assim entendê-los melhor e, por meio dos elementos de cada um, ter uma ferramenta incrível de ativação da energia de cada uma delas.

Chacra Básico

Iniciamos pelo primeiro chacra, o básico, localizado no períneo, entre os genitais e o ânus. Sua Deusa regente é Atena, representando a energia de racionalidade, estratégia, inteligência, motivação, impulso, concretização, segurança, estabilidade e ação. No seu lado sombra, ela representa a raiva, a violência, a tirania, a falta de misericórdia e a guerra. Na sua deficiência, a mulher apresenta insegurança, medo e dependência. Suas cores são: vermelho e branco. Rege pernas, pés, joelhos, quadris e intestino grosso. A deficiência ou o excesso de energia desse arquétipo podem levar à somatização de sintomas nessas regiões. Seu elemento é Terra. Seu cristal é o jaspe vermelho (sanguíneo).

Mantra de ativação: "Eu existo. Sou luz, sou rocha, sou força".

Chacra Umbilical/Sexual

Fluindo para o segundo chacra, o umbilical/sexual, localizado quatro dedos abaixo do umbigo, encontramos Afrodite como sua Deusa regente, representando a energia do feminino puro, sensual, receptivo, fluido, poderoso, delicado, suave e forte. É a consciência do corpo como templo e receptáculo da vida, a consciência da energia sexual como força motivadora para qualquer coisa em nossa existência e a capacidade de fluir pelos obstáculos com sabedoria. Na sua sombra, encontramos a desconexão e a rejeição do feminino, a promiscuidade, como fonte de satisfação e empoderamento, a desconexão e o não reconhecimento do próprio corpo. Na sua deficiência, encontramos o ciúme, a inveja, a dificuldade de entrega ao ato sexual, a timidez, o apego e a submissão. Sua cor é o laranja. Rege o sistema reprodutor, os rins, a bexiga e o sistema circulatório. Seu elemento é a Água. Seu cristal é ágata de fogo, cornalina e água-marinha.

Mantra de ativação: "Eu fluo com facilidade e leveza por todas as áreas da vida. Eu conquisto".

Chacra do Plexo Solar

Vibrando para o terceiro chacra, o do plexo solar, localizado três dedos acima do umbigo, encontramos a arqueira, Deusa Ártemis, como regente, representando a energia de independência, liberdade mental e física, poder pessoal, autoestima, cuidados com a aparência, o corpo e liderança. Na sua sombra, vemos o egoísmo, o narcisismo, a arrogância e a impaciência. Na sua deficiência, encontramos a dependência de algo ou alguém e a dificuldade em dizer não. Sua cor é o amarelo. Rege o sistema digestivo e o intestino delgado. Seu elemento é o Fogo. Seus cristais são: citrino e olho de tigre.

Mantra de ativação: "Eu sou livre física e mentalmente".

Chacra Cardíaco

Pulsando para o quarto chacra, o cardíaco, localizado no tórax, encontramos o acolhimento da Deusa Deméter, regendo a energia de amor incondicional, perdão, acolhimento, consciência de merecimento, maternidade, amor-próprio e troca. Na sua sombra, encontramos a possessividade, a superproteção, o rancor, a mágoa, a tristeza e a culpa. Na sua deficiência, observamos mulheres sem amor-próprio, dependentes financeiramente de parceiros e filhos, dramáticas, que reclamam, mas não agem, ou seja, vitimizadas. Suas cores são verde e rosa. Seu elemento é o Ar. Rege coração, pulmão, braços, mãos, glândula timo e mamas. Seus cristais são: quartzo-róseo e quartzo-verde.

Mantra de ativação: "Eu me amo, eu mereço. Eu me doo, eu amo universalmente".

Chacra Laríngeo

Seguindo para o quinto chacra, o laríngeo, localizado na garganta, encontramos a poderosa Hera como Deusa regente, ativando a energia da comunicação, da expressão, da purificação, dando voz aos nossos sonhos, desejos e vontades, nos permitindo dizer ao mundo quem somos, qual a nossa verdade e o que defendemos. Na sua sombra, observamos a comunicação agressiva, violenta, manipuladora e mentirosa. Na sua deficiência, encontramos a timidez, a mulher manipulável, que não fala, que não opina, que não se decide, que tem medo de falar; as que se sentem sufocadas emocionalmente e as contidas. Suas cores são azul-claro, azul-celeste e turquesa. Rege garganta, laringe, faringe, pescoço, ombros, boca, língua, tireoide e paratireoides. Seu elemento é o Éter (Akasha). Seus cristais são: quartzo-azul, sodalita, turquesa e cianita azul.

Mantra de ativação: "Eu me expresso, eu me comunico, eu dou voz".

CHACRA FRONTAL

Evoluindo para o sexto chacra, localizado na testa, entre as sobrancelhas, considerado o terceiro olho, encontramos com a jovialidade da Deusa Perséfone, regendo a energia da intuição, da sabedoria interna, do silêncio, da realidade e do inconsciente, permitindo-nos transitar entre o nosso mundo real e nosso submundo interno, acessando nossa essência, elaborando e ressignificando pensamentos, emoções, crenças e sentimentos. Na sua sombra, encontramos a inconsciência, os pensamentos desgovernados, a dissimulação, a manipulação por meio da mente, a falsidade. Na sua deficiência, observamos a depressão, a demência, a esquizofrenia, a infantilidade e o papel de "coitadinha frágil". Suas cores são o azul-índigo e o violeta. Não possui elemento. Rege olhos, memória, face e visão. Seus cristais são: lápis-lazúli e ametista.

Mantra de ativação: "Eu silencio, eu ressignifico, eu sou intuição".

Chacra Coronário

Transcendendo para o sétimo chacra, o coronário, localizado no topo da cabeça, encontramos a guardiã do fogo sagrado, a Deusa Héstia, regendo a energia da fé, da espiritualidade, da confiança nos processos da vida, do entendimento e da paciência. Na sua sombra, observamos a doutrinação, a espiritualidade tóxica e o fanatismo religioso. Na sua deficiência, encontramos a revolta diante das dificuldades, o ceticismo, a desconfiança, os pensamentos suicidas e obsessivos. Suas cores são o branco-prateado e o violeta. Não possui elemento. Rege o sistema nervoso, o cérebro e a medula espinhal. Seus cristais são: quartzo transparente, quartzo-leitoso, selenita e ametista.

Mantra de ativação: "Eu desperto, eu cresço, eu evoluo".

Com todas essas informações, podemos trazer para o nosso dia a dia as energias dessas poderosas Deusas de forma mais palpável e prática, visualizando em qual devemos nos focar em determinadas fases da nossa vida. Isso faz de nós, mulheres, seres perfeitos, plenos e completos!

Ancorando a Energia das Deusas – Criando um Altar, por Jana Debiagi

Quando precisamos ou queremos nos desenvolver, ou seja, ativar um arquétipo em nós, podemos ancorar nossa energia no nosso ambiente por meio de um altar. Cada arquétipo possui elementos específicos para montar esse altar e fazer essa energia reverberar. Aqui, teremos sugestões de elementos para cada arquétipo trabalhado neste livro.

Altar para Atena

Elementos: coruja, tigela de água, espada ou punhal, ramo de oliveira, taça com azeitonas, romã ou lírios-tigre.

Incenso: louro.

Vela: vermelha.

Local e horário: se possível ao ar livre, ao amanhecer.

Altar para Afrodite

Elementos: concha, espelho, pérolas, maçã, perfume (ylang-ylang), mel, jasmim.
Incenso: ylang-ylang ou rosa.
Vela: laranja.
Local e horário: se possível ao ar livre, ao anoitecer.

Altar para Ártemis

Elementos: arco e flecha, lobo e fadas.
Incenso: sálvia e olíbano.
Vela: verde ou amarela.
Local e horário: se possível ao ar livre e na madrugada.

Altar para Deméter

Elementos: lã virgem, espiga de cereais ou milho, ninho, trigo, imagem grávida.
Incenso: jasmim e rosa branca.
Velas: rosa e verde.
Local e horário: de preferência no quarto ao entardecer (pôr do sol).

Altar para Hera

Elementos: pena de pavão, alianças (para quem quer se casar), taça com vinho ou frisante tinto, bracelete.
Incenso: alecrim.
Vela: azul-clara.
Local e horário: quarto à noite, antes da meia-noite.

Altar para Perséfone

Elementos: flores brancas, tarô, romã, pedra da lua.
Incenso: sândalo.
Vela: preta ou roxa.
Local e horário: se possível ao ar livre, na madrugada.

Altar para Héstia

Elementos: pomba branca, almofadinha para olhos (representa o confiar sem precisar enxergar), terço, japamala, guias, o que represente sua fé.
Incenso: mirra.
Velas: três velas brancas.
Local e horário: sala, por volta das 5 horas da manhã.

Por meio dessas sugestões, podemos nos conectar com a energia dos arquétipos que precisamos ativar em cada fase da nossa vida, desenvolvendo e mostrando ao mundo todo nosso potencial feminino intrínseco.

A Ativação de Deméter — uma Experiência Pessoal, por Mithiele Rodrigues

Deusas, eu colhi para vocês o depoimento emocionante de uma grande amiga, para a qual tive o prazer de apresentar este mundo das Deusas há alguns anos. Ela, que era advogada, professora universitária, mestranda e síndica, mudou toda a sua vida, e, hoje, também trabalha com Deusas. Essa minha amiga trouxe para vocês um pouco da relação dela com Ártemis, Perséfone e Atena, e o processo de ativação de sua Deméter.

Olá, queridas Mulheres!

Quem lhes fala é, antes de tudo, uma mulher de quase 42 anos, na função atual de mãe de dois bebês. Nesta ocasião da confecção deste material, estou com um bebê que completará três meses, e outro que completará um ano e dez meses.

Há três anos, minha realidade era completamente diferente e eu não podia imaginar meu cenário atual, muito embora sempre a tivesse guardado no campo das minhas verdades sinceras!

Compartilho com vocês o despertar da minha Deméter.

Deméter é, antes de mais nada, a relação de nutrição do amor, passada de geração em geração pelas mulheres da nossa família. Deméter é o arquétipo da mãe que gera, de todas as mulheres da nossa família que vieram antes de nós.

A vida nos foi transmitida pela nossa mãe, e isso é impagável. Sentimo-nos adultos perante a existência quando concebemos a vida ou quando compartilhamos nossa vida para gerar outros frutos, por exemplo, estando numa profissão de ajuda. Mas para sermos nutridoras, tanto para dar a vida como para nutrir a vida de outras pessoas, é a personalidade de Deméter que deve estar ativa!

No meu primeiro curso das Deusas, que fiz cinco anos atrás, – com a Daniela Ervolino, que me inspirou neste caminho –, minha Deméter era de longe a mais baixa.

Não sentia nenhum impulso de ser mãe, tampouco me via nutrindo um seio familiar. Eu era Ártemis demais para isso, mas conhecendo melhor os mitos gregos, fui compreendendo o que se passava dentro de mim.

Hoje, sou também facilitadora de círculos de mulheres, mas demorou algum tempo para que eu me tornasse essa pessoa.

O desequilíbrio arquetípico em uma mulher necessariamente advém de um conflito. Minha Deméter estava furiosa e sombria. Eu, há alguns anos, perdi um bebê e, para sobreviver a essa dor, neguei-a! Mas como consteladora, hoje sei o peso que essa exclusão trouxe à minha vida. Estava com a Deméter completamente ferida, tanto que, após a perda do bebê, eu, que era uma pessoa ligadíssima ao esporte, parei de nutrir meu corpo, já que ele não era mais seguro. Afinal, não cuidou bem de uma vida que um dia habitou ali. E não foi só isso, também não me permiti mais ser feliz no amor, me sabotava nos relacionamentos, a ponto de terminar um noivado beirando às vésperas do casamento. Estava completamente ferida e sombria, determinada a acabar com tudo, mas claro, inconscientemente, pois a consciência que eu tinha era de que gostava mesmo da "liberdade".

Por isso, hoje estou certa de que o desequilíbrio de uma Deusa muito forte em nós pode originar uma avalanche de má sorte, e se não entendermos o que está se passando, podemos cair no conto da carochinha do famoso: "Não era pra ser!".

Esse determinismo nada mais é que nossas sabotagens! Podemos virar o jogo se soubermos suas regras. Jogar é fácil, difícil é saber a regra do jogo que se joga, afinal, se tivermos jogadores e bolas, podemos jogar futebol, handebol, voleibol, o que diferencia um jogo do outro não são os jogadores, e sim as regras do jogo.

Como então trazer uma Deméter sombria para a luz? Indo à raiz do conflito!

Se Deméter é mãe, logo há algo para ser visto na relação mãe e filha.

É preciso analisar duas vertentes: você como mãe; e você como filha perante sua mãe.

Se minha mãe me gerou, por que será que eu não consegui permitir a vida do meu primeiro bebê?

Bem, somente por meio de uma constelação familiar eu entendi e ainda estou no processo de aceitação da minha história. Digo que estou, pois me encontro no puerpério, período pós-parto em que estamos com nosso emocional ligado à nossa criança interior. Tive um trauma intrauterino, convalidado no meu nascimento, que me causou dores profundas. No meu nascimento, fiquei 12 horas separada de minha mãe. Essa separação deu origem a uma dinâmica chamada "fluxo de amor interrompido" – que, sistematicamente, significa a interrupção do amor pela não nutrição materna.

Ao nascer, fazemos um imprint com nossa mãe, e ele pode ser de acolhimento ou de separação. O filho, quando vem para os braços da mãe, passa a receber o fluxo do amor contínuo, já o que se separa tem um deslocamento da alma. Então, estava aí a raiz do conflito de minha Deméter.

Conforme ia tomando consciência, ia tentando ressignificar minha história, mas somente conseguimos entender mesmo quando nos tornamos mães!

O meu "tornar mãe" estava emaranhado com um conflito de um bebê que não veio, e minha sabotagem estava escondida na negação de ser mãe. Eu já era mãe, mas eu negava. Sempre que se falava em filhos, eu rapidamente dizia: "Ahh, eu não sei se os terei".

Essa é uma parte sombria de Deméter que não admite excluir nenhum filho.

Minha lealdade a Deméter me fez me esconder no lado sombrio da Deusa. E somente quando entendi a parte sombria dela, pude fazer as pazes com a Deméter que habita em mim, dando um lugar à minha parte que estava furiosa por ter excluído um filho.

Conforme fui tendo mais consciência, nascia em mim o desejo de também ser instrumento na vida de outras mulheres.

Mas o que não sabia era que a pessoa que estava mais sendo curada era eu mesma! Enquanto me colocava absolutamente disponível no acolhimento do círculo, mais compaixão e empatia eu ia desenvolvendo.

No meu útero havia uma memória de luto, perda, impossibilidade, privação e sofrimento. O acolhimento das irmãs dos círculos e a compreensão das histórias das mulheres da minha família me fizeram, verdadeiramente, dar um lugar no meu coração ao que passei. Fizeram-me compreender que eu era mesmo muito menor que minha mãe (Deméter).

Esse processo de mudança de um destino, literalmente traçado por um médico que me diagnosticou infértil, ganhou possibilidade de ser alterado quando me alegrei internamente.

Eu engravidei na primeira oportunidade que tive e, ainda, de alguém significativo na minha história – do meu primeiro namorado, que tirou a minha virgindade aos 17 anos. E logo em seguida, dez meses depois, engravidei novamente de uma forma inesperada e de poucas possibilidades.

Vivi dois partos completamente diferentes. No primeiro parto, demorei 14 horas para me abrir e permitir deixar partir a menina, e dar à luz a mãe. Foi um parto visceral, cheio de dores e medos. No segundo parto, meu bebê simplesmente nasceu, eu não fiz nadinha, a não ser me permitir abrir espiritualmente e desejar a sua chegada. O trabalho de parto demorou minutos, algo surreal mesmo! O parto foi em casa, somente com a enfermeira e o meu companheiro; meu bebê sabia nascer e eu sabia parir, porque estava com minha Deméter ativada!

Nossa sociedade ocidental pouco sabe sobre parir. Quando estamos gestando, temos a possibilidade de nos deparar com o mundo aquático. O parto é o portal que traz um ser que está no mundo aquático para o mundo aéreo; ao parirmos, ele se transforma em ser humano, possuidor de uma fusão emocional que trará à tona tudo aquilo que ficou escondido nas profundezas das nossas águas. Parir é dar voz à nossa criança interior ferida e compreender a nossa mãe. No meu primeiro parto entendi muito, mas precisei de dois deles para compreender que minha mãe o tempo todo estava tentando me salvar da culpa que ela também sentiu de me gerar.

No fundo, somos todos feridos tentando ser aceitos e reconhecidos; uns sabem disso, aceitam e crescem, outros ficam ainda na arrebatação das ondas onde se cria um redemoinho e, a cada onda mais para baixo, vemos mais águas se acumulando no nosso interior.

Eu ainda estou no processo de aceitação e confesso que nada é mais difícil que aceitar. A aceitação de verdade não é algo passivo, como a palavra sugere, ela é uma ação positiva de parar de brigar com as dores que vieram com tudo aquilo que aconteceu, e compreender que as dores podem ser transformadas em recursos. Somente transformando os ingredientes em uma linda poção de amor é que podemos, de fato, ser nutridoras. Apenas colocando todas essas dores das mulheres da nossa família no caldeirão é que podemos mesmo nos tornar a Deusa da nutrição!

Deméter é nosso potencial de transformar as dores em alegrias, a terra infértil em campos de colheitas abundantes, e todas nós podemos isso!

Agradeço!

Mithiele Rodrigues

Perdão ao Feminino

Conheci o texto a seguir num círculo de mulheres do qual participei como professora convidada, foi emocionante e inesquecível a dinâmica proposta na vivência, que consistia em ler esse texto olhando nos olhos da mulher que estivesse ao seu lado no círculo. Jamais me esquecerei da moça que fez o exercício comigo, de seu olhar e da força que existiu entre nós naquele momento, nunca havíamos nos visto, nem sabíamos os nossos nomes. Há alguns anos, recebi uma mensagem pelo Instagram dessa moça que foi a minha dupla da vivência. Ela me contou que também sente uma força extraordinária a cada vez que se lembra do meu olhar e daquele instante. Foi tão lindo e especial, que resolvi trazer o mesmo texto, o qual penei para encontrar, mas me foi gentilmente cedido pelas organizadoras da Mandala Lunar. Segue o texto:

"*Hermanas,*

Eu assumo, neste momento, a responsabilidade pela cura de minhas relações com todas as mulheres.

Peço perdão por cada momento que me movi em direção à competição, ao territorialismo, à agressividade passiva... E por cada momento em que respondi a tudo isso, também em desamor.

Peço perdão por cada vez que olhei nos olhos de outra mulher e não consegui perceber que via somente a mim mesma... Caindo no julgamento, na crítica e no distanciamento.

Peço perdão por toda e qualquer traição da confiança e perdoo pela construção da expectativa alheia.

Peço perdão por palavras ditas indevidamente, que criaram desarmonia, intriga ou desavença.

Peço perdão por minha vitimização, pela falta de responsabilidade em minhas relações, pela falta de carinho e cuidado... Sinto muito por ter sido, em muitos momentos, o reflexo obscuro de mim mesma e de muitas outras mulheres que encontrei em meu caminho.

Sinto muito se a expressão de meu ser pôde, em algum momento, ter causado dor ou desconforto. Eu perdoo... Por ter sido traída, julgada, maltratada, hostilizada e subjugada por tantas mulheres. Perdoo as mulheres por ainda hoje criarem os futuros homens do patriarcado. Eu perdoo por não ter sido acolhida em minhas fragilidades, por não ter sido aceita em minhas imperfeições e por não ter sido aceita em minha exuberância.

Perdoo e peço perdão. E aceito... Recebo minhas irmãs em meu ventre e meu coração...

Me abro, recebo. Me abro e acolho. Enquanto faço de minha alma o palco de uma revolução de flores.

Sinto muito, me perdoe, obrigada e eu amo você.

Que nossas armas e escudos sejam o amor, a união e o fortalecimento da nossa irmandade, o matrístico que nos salta, de dentro para fora".

Lindo texto de Morena Cardoso.

Extraído da Mandala Lunar, 2019.

Palavras Finais

Deusa querida, você que chegou até o fim desta jornada tão lúdica e gostosa comigo aqui, saiba que o caminho apenas começou!

Sua transformação agora depende só de sua vontade e empenho, as ferramentas estão aqui, todas ao seu dispor!

Nunca mais você enxergará com os olhos de quem não sabe o que vê. Não se assuste se você começar mentalmente a catalogar todas as mulheres que conhece, assim como as personagens das séries que acompanha, de livros e filmes que ama e até mesmo dos noticiários!

Isso é inevitável! E é muito divertido! Só não se prenda aos estereótipos, lembre-se de que, assim como você, toda mulher tem muitas Deusas dentro de si e você pode estar vendo apenas uma delas.

Nossa natureza é mutante, é cíclica, é sazonal e tudo bem! Quanto mais fizermos as pazes com isso, mais inteiras e felizes seremos; quanto mais soubermos reconhecer e evocar as Deusas que existem em nós, mais pacificadas nos sentiremos.

Quando esse conhecimento chegou a mim, ele elucidou muitos sentimentos contraditórios que existiam com forças iguais me fazendo sofrer. Era como ter de atender a duas

Danielas com desejos tão descombinados que me impossibilitavam me sentir satisfeita ou em paz. Isso fez com que eu entendesse quais Deusas estavam brigando, competindo dentro de mim, e conhecendo profundamente cada uma delas, pude intervir de forma inteligente nessa briga interna, organizando e negociando as prioridades. Foi bárbaro, divino, organizei a mim mesma internamente, o que me possibilitou criar a vida que desejava ter!

Esse conhecimento ainda é a minha principal ferramenta de autotransformação, porque é um trabalho que nunca termina. Só que, quanto mais a gente entende esse universo, mais gostoso fica trabalhar com ele!

Minha gratidão por sua atenção! E meu desejo profundo de que você também encontre um uso maravilhoso ao que consegui lhe entregar com este livro!

Eu vi uma frase nesta mesma época em que conheci as Deusas; essa frase anda sempre na minha boca e apazigua demais as minhas inquietações. É de Marianne Williamson, e diz assim:

"Nós podemos ter tudo, mas não ao mesmo tempo".

Quando fazemos as pazes com essa verdade, fazemos as pazes com nossa Deusa interior.

Oração das Deusas Gregas

"Que Atena nos conceda sabedoria, paixão pela verdade e um desejo de justiça para todos os seres.

Que Afrodite nos abençoe com as alegrias do êxtase sensual, com o deleite corpóreo e a certeza de que, em nossa natureza erótica, nós tocamos o divino.

Que de Perséfone recebamos a visão e a compreensão profunda dos mistérios ocultos de realidades maiores além da nossa existência terrestre.

De Ártemis pedimos a energia ardosa e abundante para proteger o precioso mundo natural e seus incontáveis benefícios, e que encontremos maneiras de viver em paz com todos os seres.

A Deméter oramos para que a força vital não deixe de nos alimentar e acalentar em todos os níveis do nosso ser, e por quanto tempo a nossa tarefa aqui na Terra exigir.

A Hera pedimos para receber o pleno poder da vontade feminina para nos tornarmos cocriadoras com os homens de tudo o que escolhermos no destino que partilhamos, como homens e mulheres.

A Héstia pedimos a sabedoria e a paz de nos aconchegarmos nos braços do divino, tornando nosso próprio lar, mente e coração os santuários de todas nós."[1]

Gratidão e um beijo do Olimpo! Até a próxima!

---

1 Adaptação do texto de Franco Guizzetti, incluindo Héstia que não constava na versão original.

Meditação das Deusas

Aqui vai um presente meu para você ouvir onde e quando quiser, e se conectar com as Deusas!

Basta estar em um lugar confortável onde você possa relaxar por alguns minutos e sentir as sete Deusas vibrando em você!

Basta digitar este link para ouvir a meditação:
https://insig.ht/m7MLUpGmDzb
Com amor,

Daniela

Vamos Ficar em Contato?

Eu adoraria saber como foi ou está sendo sua experiência com as Deusas e com este universo lindo de pacificação e empoderamento feminino. Compartilhe comigo!

Siga-me nas redes sociais! Eu compartilho por lá toneladas de conteúdo para transformação pessoal, sobre deusas, meditação, bases científicas para ser mais feliz, dicas de relacionamento e muito mais!

"Irá aparecer uma geração de sacerdotisas capazes de entender
novamente a linguagem da alma..."
(Carl Gustav Jung).

Instagram: @danielaervolino: <https://www.instagram.com/danielaervolino/>.

Instagram: @rodadasdeusas: <https://www.instagram.com/rodadasdeusas/>.

Facebook: @danielaervolino: <https://www.facebook.com/PsiDanielaErvolino>.

Insight Timer: conecte-se gratuitamente para meditar comigo aqui: <https://insighttimer.com/br/professores/danielaervolino>.

E-mail: <contato@danielaervolino.com>.

Escreva para mim! Eu aguardo você.

Um beijo com carinho!

Curso Roda das Deusas

Este livro foi inspirado no curso Roda das Deusas, que existe presencialmente desde 2012 e já rodou o Brasil! Para conhecer a versão on-line do curso Roda das Deusas, consulte: <www.danielaervolino.com>

Roda das Deusas On-line – Aulas:
Boas-Vindas – Check in.
Quando Deus era mulher.
Teste das Deusas – exclusivo (o único com as sete Deusas).
O que são Arquétipos?
As Deusas Vulneráveis.
A Deusa Perséfone.
A Deusa Hera.
A Deusa Deméter.
As Deusas Virgens.
A Deusa Ártemis.
A Deusa Atena.
A Deusa Héstia.
A Deusa Alquímica.

A Deusa Afrodite.
Quem são as mulheres da minha vida?
Quando me senti... A visita da Deusa.
Bússola da Vida – Onde estou e para onde vou.
O feminino começa com a mãe.
Mulheres que correm com os lobos – análise terapêutica de conto.
Lista de qualidades.
Perdão ao feminino.
Bônus 1: Hipnose das Deusas.
Bônus 2: Podcast das Deusas.
Bônus 3: Mentoria com as alunas.

Inscreva-se para o Programa Desperte de Daniela Ervolino on-line neste link: <www.danielaervolino.com>.
Programa Desperte – oito aulas de pura energia:
O que é consciência e o seu inverso?
Vontade *versus* Desejo.
Medo de mudança e rejeição.
Como mudar a energia e criar um novo canal?
Quebrando padrões de comportamento.
Crenças limitantes 1 e 2 – com Karina Rodrigues.
Limpando a mente.
Propósito e prosperidade.
Mais cursos, e-books, vídeos, dicas e conteúdos da Daniela Ervolino disponíveis em:<www.danielaervolino.com>

Participações Especiais e Créditos

Karina Rodrigues: psicóloga, professora, facilitadora de Círculos de Mulheres, consteladora familiar sistêmica – @profakarinarodrigues; <www.animaonline.com.br>.

Jana Debiagi: terapeuta integrativa, instrutora de meditação, terapeuta do feminino, facilitadora de Círculos de Mulheres – @janaterapeutabr.

Mithiele Rodrigues: consteladora familiar sistêmica, facilitadora de Círculos de Mulheres – @mithiele; <www.mithiele.com.br>.

Foto de Daniela Ervolino: @marianeooliveira.

Texto de Morena Cardoso: Mandala Lunar.

Referências Bibliográficas

BOLEN, Jean Shinoda. *As Deusas e a Mulher: Nova Psicologia das Mulheres*. São Paulo: Paulus, 1990.
CAMPBELL, Joseph. *Deusas: os Mistérios do Divino Feminino*. São Paulo: Palas Athena, 2016.
ESTES, Pinkola Clarissa. *Libertem a Mulher Forte*: o Amor da Mãe Abençoada pela Alma Selvagem. Rio de Janeiro: Rocco, 2012.
FAUR, Mirella. *Círculos Sagrados para Mulheres Contemporâneas: Práticas, Rituais e Cerimônias para o Resgate da Sabedoria Ancestral e a Espiritualidade Feminina*. São Paulo: Pensamento, 2011.
GRAY, Miranda. *Lua Vermelha: as Energias Criativas do Ciclo Menstrual como Fonte de Empoderamento Sexual, Espiritual e Emocional*. São Paulo: Pensamento, 2018.
MARASHINKY, Amy Sophia. *Oráculo da Deusa: um Novo Método de Adivinhação*. São Paulo: Pensamento, 2021.
MONTGOMERY, Malcom. *Mulher: uma Radiografia do Universo Feminino*. Rio de Janeiro: Prestígio, 2005.

PERRONI, Jennifer. *Oráculo da Mulher Selvagem*: uma Jornada ao Encontro do Feminino Sagrado. Rio de Janeiro: Bambual, 2019.

PRIETO, Claudiney. *O Oráculo da Grande Mãe*: Divinação, Magia e Espiritualidade com os Arquétipos da Deusa. São Paulo: Alfabeto, 2017.

WOOLGER, Roger; WOOLGER, Jennifer. *A Deusa Interior*: um Guia sobre os Eternos Mitos Femininos que Moldam Nossas Vidas. São Paulo: Cultrix, 1993.

MADRAS® Editora

CADASTRO/MALA DIRETA

Envie este cadastro preenchido e passará a receber informações dos nossos lançamentos, nas áreas que determinar.

Nome _____
RG _____ CPF _____
Endereço Residencial _____
Bairro _____ Cidade _____ Estado ____
CEP _____ Fone _____
E-mail _____
Sexo ❑ Fem. ❑ Masc.   Nascimento _____
Profissão _____ Escolaridade (Nível/Curso) _____

Você compra livros:
❑ livrarias   ❑ feiras   ❑ telefone   ❑ Sedex livro (reembolso postal mais rápido)
❑ outros: _____

Quais os tipos de literatura que você lê:
❑ Jurídicos   ❑ Pedagogia   ❑ Business   ❑ Romances/espíritas
❑ Esoterismo ❑ Psicologia ❑ Saúde   ❑ Espíritas/doutrinas
❑ Bruxaria   ❑ Autoajuda   ❑ Maçonaria ❑ Outros:

Qual a sua opinião a respeito desta obra? _____
_____

Indique amigos que gostariam de receber MALA DIRETA:
Nome _____
Endereço Residencial _____
Bairro _____ Cidade _____ CEP _____

Nome do livro adquirido: <u>Roda das Deusas</u>

Para receber catálogos, lista de preços e outras informações, escreva para:

MADRAS EDITORA LTDA.
Rua Paulo Gonçalves, 88 – Santana – 02403-020 – São Paulo/SP
Tel.: (11) 2281-5555 – 📱 (11) 98128-7754
www.madras.com.br

MADRAS Editora

Para mais informações sobre a Madras Editora,
sua história no mercado editorial
e seu catálogo de títulos publicados:

Entre e cadastre-se no site:

www.madras.com.br

Para mensagens, parcerias, sugestões e dúvidas, mande-nos um e-mail:

marketing@madras.com.br

SAIBA MAIS

Saiba mais sobre nossos lançamentos,
autores e eventos seguindo-nos no facebook e twitter:

@madrased

/madraseditora